中共江西省委党建工作领导小组办公室
中共江西省委党史研究室 编
中共萍乡市委党建工作领导小组

图书在版编目（CIP）数据

安源红色家书 / 中共江西省委党建工作领导小组办公室，中共江西省委党史研究室，中共萍乡市委党建工作领导小组编. -- 南昌 : 江西人民出版社, 2018.9

ISBN 978-7-210-10805-4

Ⅰ. ①安… Ⅱ. ①中… ②中… ③中… Ⅲ. ①革命史－史料－萍乡 Ⅳ. ①K295.63

中国版本图书馆CIP数据核字（2018）第217319号

安源红色家书

中共江西省委党建工作领导小组办公室
中共江西省委党史研究室　编
中共萍乡市委党建工作领导小组

责任编辑：王一木　聂柳娟
装帧设计：同异文化传媒
出　　版：江西人民出版社
发　　行：各地新华书店
地　　址：江西省南昌市三经路47号附1号
编辑部电话：0791-88612505
发行部电话：0791-86898801
邮　　编：330006
网　　址：www.jxpph.com
E-mail：942867919@qq.com　web@jxpph.com
2018年9月第1版　2018年9月第1次印刷
开　　本：787×1092毫米　1/16
印　　张：16
印　　数：1-124,000册
字　　数：220千
ISBN 978-7-210-10805-4
赣版权登字—01—2018—756
定　　价：35.00元
承 印 厂：南昌市红星印刷有限公司

目录

contentes

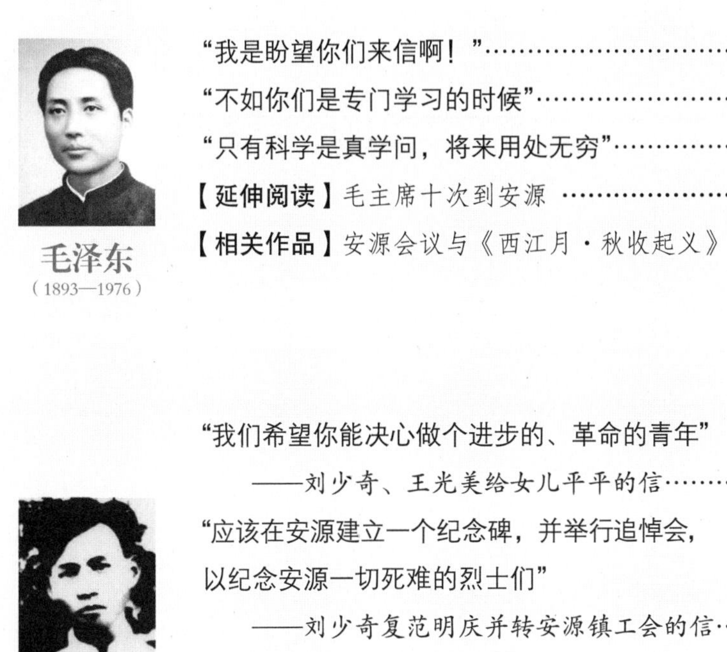

毛泽东

（1893—1976）

"我是盼望你们来信啊！"…………………………………… 3

"不如你们是专门学习的时候"………………………………… 4

"只有科学是真学问，将来用处无穷"……………………… 5

【延伸阅读】毛主席十次到安源 ………………………………… 7

【相关作品】安源会议与《西江月·秋收起义》 …………… 9

刘少奇

（1898—1969）

"我们希望你能决心做个进步的、革命的青年"

——刘少奇、王光美给女儿平平的信……………… 12

"应该在安源建立一个纪念碑，并举行追悼会，以纪念安源一切死难的烈士们"

——刘少奇复范明庆并转安源镇工会的信………… 15

"萍矿工会和所有工人应当实行互助"……………………… 17

【延伸阅读】安源别子 …………………………………………… 18

"只要十五块钱" ………………………………… 20

【相关作品】刘少奇在安源的著作 ……………………………… 22

李立三

（1899—1967）

"造一个光明灿烂的世界"

——李立三致父亲李昌奎诗信………………………… 24

【延伸阅读】敬告安源工友 ……………………………………… 26

一人两手，两手十指 ………………………… 28

陈潭秋
（1896—1943）

"我始终是萍踪浪迹、行止不定的人"
——陈潭秋给哥哥的信…… 33
【延伸阅读】到安源矿工中去 …… 35
【相关作品】《五一纪念歌》…… 39

卢德铭
（1905—1927）

卢德铭家信（节选）…… 41
【延伸阅读】革命的一生，战斗的一生 …… 42

蒋先云
（1902—1927）

"我相信本团官兵同志最少也能知道我是革命的"
——蒋先云敬告本团官佐…… 46
【延伸阅读】蒋先云与安源工人运动 …… 49

高君宇
（1896—1925）

"担我应负改造世界的责任"
——高君宇给恋人石评梅的信…… 54
【延伸阅读】祝奋斗的安源工友 …… 56

夏明翰
（1900—1928）

"儿女不见妈妈两鬓白，但相信你会看到我们举过的红旗飘扬在祖国的蓝天！"
——夏明翰写给母亲的信 …… 60
"抛头颅、洒热血，明翰早已视等闲"
——夏明翰写给妻子郑家钧的信 …… 61
"认定了共产主义这个为人类翻身解放造幸福的真理"
——夏明翰写给大姐和外甥女的信 …… 62
【延伸阅读】为真理而凛然献身的夏明翰 …… 63
【相关作品】就义诗 …… 67
金鱼 …… 67
童谣 …… 67
诗一首（1927年7月） …… 67

林育南
（1898—1931）

"此后我更当造成'山'一般的稳定，'铁'一样的顽强！"
——林育南给恋人陆若冰的信 …… 69
【延伸阅读】林育南巡视安源报告 …… 72

滕代远
（1904—1974）

"读毛主席的书，听毛主席的话"
——滕代远给儿子的信 …… 76
【延伸阅读】转移安源 …… 78

朱少连
（1887—1929）

朱少连烈士遗言 …… 84
【延伸阅读】正大光明之事业 …… 85
铁骨铮铮 …… 87
【相关作品】《安源路矿工人俱乐部略史》 …… 89

黄静源
（1900—1925）

黄静源写给亚领的信（摘录） …… 91
黄静源就义前的铿锵誓言 …… 92
【延伸阅读】我的外公黄静源烈士 …… 93

涂正楚
（1900—1928）

涂正楚狱中遗言 …… 102
【延伸阅读】灰日暴动 …… 103

肖劲光
（1903—1989）

肖劲光告诫子女的话 …… 108
【延伸阅读】关于安源工人俱乐部的回忆 …… 109

杨得志
（1901—1994）

杨得志对儿女们的教诲…………………………………………113
【延伸阅读】叮嘱子女刚强正直、不忘本 ……………………114

凯 丰
（1906—1995）

“如果党的干部都为自己家人安排工作，
那还怎么为人民服务”
——凯丰写给二女儿淑英的家书…………………………118
“时时注意廉洁奉公守法”
——凯丰写给二女儿淑英的回信…………………………119
【延伸阅读】我们党杰出的理论宣传家 ………………………120
【相关作品】《抗日军政大学校歌》……………………………124

韩 伟
（1906—1992）

“革命的成果来之不易啊！” ……………………………………127
【延伸阅读】“萍乡一带，我路熟，让我当前卫吧” ………128
“我是红三十四师的儿子”
——专访韩伟将军独子韩京京 ……………………131

高自立
（1900—1950）

高自立写给女儿的一封信…………………………………………135
高自立写给女儿的回信……………………………………………137
【延伸阅读】英烈家书传正气，“农民后人”葆本色 ……139
【相关作品】《毛泽东传略》……………………………………144

吴 烈
（1915—2001）

"认真负责，精益求精，做到万无一失"
——吴烈将军给大儿吴时锋的信 …… 146
"你是干部子弟，要比别人做得更好才行"
——吴烈将军给二儿吴源的信 …… 147
"一定要服从组织的安排，不论什么岗位，都是革命的需要"
——吴烈将军给四儿吴时青的信 …… 148
【延伸阅读】当红军去 …… 149
吴烈回忆张思德同志的手书稿 …… 152
【相关作品】《峥嵘岁月》 …… 155

幸元林
（1914—1985）

"我是煤矿工人，是无产阶级，任何东西是生不带来，死不带走。留给你们的只有不断地努力与奋斗"
——幸元林写给儿子儿媳的家书 …… 157
【延伸阅读】走上革命的道路 …… 159
【相关作品】《罗霄山之子——记幸元林将军》 …… 162

王耀南
（1911—1984）

"更重要的是要从思想上做一个合格的共产党员"
——王耀南给二儿太岳的信 …… 164
【延伸阅读】我记忆中的第二团爆破队 …… 165
工兵专家 …… 168
【相关作品】《王耀南回忆录》 …… 170

熊 飞
（1911—2000）

“永远听党的话”
——熊飞给儿入伍时的赠言…………………………… 172
【延伸阅读】当兵就要当红军 ………………………… 173

吴运铎
（1911—1991）

“你们的喜事要新办，以节省为主”
——吴运铎给儿子的信…………………………………… 179
“先筹集 100 元（我负责）买 100 元的书”办残疾人图书馆
——吴运铎给残疾人孙恂的一封信……………………… 181
【延伸阅读】在安源的日子里 ………………………… 183
【相关作品】《把一切献给党》………………………… 187

袁学之
（1909—2002）

给小孩糖果钱、交上用餐粮票
——袁学之给老革命贺梅生的信………………………… 190
【延伸阅读】领导安源人民开展抗日救亡运动 ……… 191
【相关作品】袁学之和他的《难忘的回忆》 ………… 192

王麓水
（1913—1945）

“责任所在，无法离开”
——王麓水写给母亲的信………………………………… 196
“望兄得（的）家庭及故乡的一切能够详合”
——王麓水利用战斗间隙写给家中兄弟的信………… 197
【延伸阅读】智摆“空城计”，吓退白匪军 ………… 199
出奇制胜，智夺枪支 ………………………… 201

邓贞谦
（1907—1928）

"为国家一苍死，才是革命精神"
——邓贞谦狱中绝笔书 …………………………………………… 204
【延伸阅读】"暴动不怕激烈，牺牲要有价值" ………… 206

肖保璜
（1904—1931）

肖保璜给老师的口信 …………………………………………… 211
肖保璜给妻子陆若冰的家信（节选）…………………………… 212
【延伸阅读】立志要做的事，不达目的决不罢休 ………… 213

彭树敏
（1896—1926）

彭树敏给家里的口信 …………………………………………… 216
【延伸阅读】坚贞不屈　英勇就义 ……………………………… 217

贺国庆
（1899—1959）

贺国庆临终前给战士严如芬的遗言 …………………………… 221
【延伸阅读】莲花一支枪 ……………………………………… 222

钟邦武
（1907—1930）

"我们不能属服于任何恶势力之下"
——钟邦武狱中诗信 …… 227
【延伸阅读】战斗中的钟邦武 …… 228

贺云卿
（1915—2004）

"咱们家都是党员，孩子结婚一定要节约"
——贺云卿写给儿女的信 …… 232
"爸永远是老红军战士"
——贺云卿写给儿女的信 …… 233

刘礼年
（1915—1938）

"此时我正在向敌人冲锋"
——刘礼年战前写给大哥的信 …… 235
【延伸阅读】"勇敢上前线，努力杀敌人" …… 236

后记 …… 240

附：萍乡红色文化资料整理编辑小组 …… 244

毛泽东

（1893—1976）

毛泽东（1893—1976），字润之，湖南湘潭人。伟大的马克思主义者，伟大的无产阶级革命家、政治家、军事家、思想家，中国共产党、中国人民解放军和中华人民共和国的主要缔造者和领导人。1913年春，毛泽东考入湖南省立第四师范（后并入省立第一师范），1918年6月毕业。1918年4月，毛泽东与蔡和森、萧子升、向警予、罗学瓒、陈章甫等人创建新民学会。1919年7月，其主编的《湘江评论》在长沙创刊。1919年12月，毛泽东参加湖南“驱张”运动。1920年11月，毛泽东来到与湖南毗邻的江西萍乡，在萍乡期间与远在法国勤工俭学的新民学会会员通信，探讨适合中国国情的救国之路，并编辑《新民学会会员通信集》。1921 年 7 月，中国共产党在上海召开第一次代表大会，毛泽东作为长沙共产主义小组代表出席会议。1921 年秋，毛泽东带着大会的使命，以湖南第一师范附小主事的身份来到产业工人高度集中的安源进行考察，探索和酝酿在安源组织工人革命运动。1921 年 12 月，毛泽东以中共湖南支部书记和中国劳动组合书记部湖南分部主任的身份，与李立三等来到安源，后又派李立三常驻安源工作，组建党团组织和工人俱乐部；1922 年 9 月，毛泽东等领导和发动了安源路矿工人大罢工并取得“绝无而仅有”的胜利；1923 年 2 月，二七大罢工失败后，毛泽东提出“立取守势，弯弓待发”的斗争策略，使安源在白色恐怖下得以巍然独存，成为中国工人运动的一面旗帜。1927 年 9 月初，毛泽东以中共中央临时政治局候补委员、中央特派员、湖南省委秋收起义前敌委员会书记的身份来到安源，在张家湾主持召开了秋收起义军事会议，决定举共产党旗帜、组建工农革命军，并制定了攻打长沙进军路线；1930 年 9 月，与朱德率领红一方面军来安源扩红筹饷，有一千多工人农民参加红军，其中有一百个矿工挑着一百担炸药参军，成立了红军第一个工兵连。中华人民共和国成立后，毛泽东当选为中共中央主席、国家主席、中央军委主席。

“我是盼望你们来信啊！”

亲爱的岸英、岸青：

时常想念你们，知道你们情形尚好，有进步，并接到了你们的照片，十分的欢喜。现因有便，托致此信，也希望你们写信给我，我是盼望你们来信啊！我的情形还好，以后有机会再写信给你们。祝你们健康、愉快与进步！

毛泽东

三月四日

注：1938 年 3 月，已与毛岸英、毛岸青分别 10 年的毛泽东看到兄弟俩托人从苏联带回的信与照片，激动得热泪盈眶，当即复信。这是目前能见到的毛泽东写给儿子的第一封家书，热切真挚，令人动容，舐犊之情跃然纸上。一个月后，毛泽东又特地委托去苏联治疗眼病的刘伯承捎信给他们。为了让儿子知道自己的模样，还随信附上了一张照片。不久，儿子的回信终于从莫斯科送到了延安，毛泽东看后很高兴，并托林伯渠购买了一大批图书邮寄过去。

“不如你们是专门学习的时候”

毛泽东书信手稿

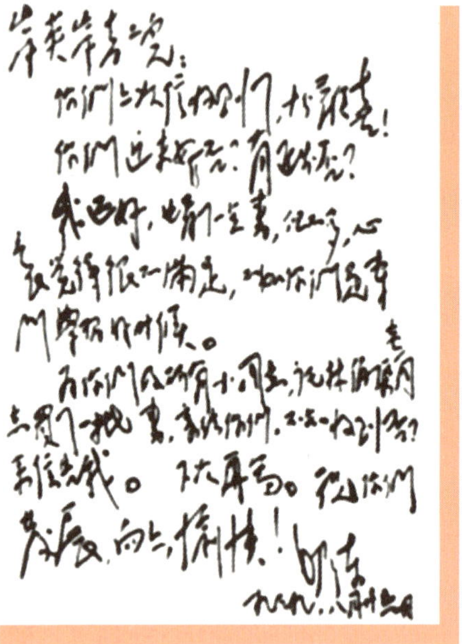

岸英、岸青二儿：

你们上次信收到了，十分欢喜！

你们近来好否？有进步否？

我还好，也看了一点书，但不多，心里觉得很不满足，不如你们是专门学习的时候。

为你们及所有小同志，托林伯渠老同志买了一批书，寄给你们，不知收到否？来信告我。下次再写。祝你们发展、向上、愉快！

毛泽东

一九三九年八月二十六日

“只有科学是真学问，将来用处无穷”①

岸英、岸青二儿：

很早以前，接到岸英的长信，岸青的信，岸英寄来的照片本、单张相片，并且是几次的信与照片，我都未复，很对你们不起，知你们悬念。

你们长进了，很欢喜的。岸英文理通顺，字也写得不坏，有进取的志气，是很好的。惟有一事向你们建议，趁着年纪尚轻，多向自然科学学习，少谈些政治。政治是要谈的，但目前以潜心多习自然科学为宜，社会科学辅之。将来可倒置过来，以社会科学为主，自然科学为辅。总之注意科学，只有科学是真学问，将来用处无穷。人家恭维你抬举你，这有一样好处，就是鼓励你上进；但有一样坏处，就是易长自满之气，得意忘形，有不知脚踏实地、实事求是的危险。你们有你们的前程，或好或坏，决定于你们自己及你们的直接环境，我不想来干涉你们，我的意见，只当作建议，由你们自己考虑决定。总之我欢喜你们，望你们更好。

岸英要我写诗，我一点诗兴也没有，因此写不出。关于寄书，前年我托西安林伯渠老同志寄了一大堆给你们少年集团[2]，听说没有收到，真是可惜。现再酌检一点寄上，大批的待后。

我的身体今年差些，自己不满意自己；读书也少，因为颇忙。你们情形如何？甚以为念。

毛泽东

一九四一年一月三十一日

注：①这封信饱含了革命领袖对子女的牵挂和喜爱。在信中，毛泽东对儿子的学习提出了要求和期望。他认为，年轻人记忆力好，精力充沛，应该多学些自然科学知识，将来用处无穷。而且，他还特别提到了年轻人对政治的态度，认为早年还是应多学科学知识，少谈政治。尤其是他关于学习内容与学习方法的精辟分析，对今天的青年人仍然具有重要的参考价值。更为难得的是，信中并没有那种居高临下的命令式口吻，而更多表现的是一种宽容与期待，还辅之以自身的读书经验，舐犊之情，溢于言表。随信，毛泽东还给岸英、岸青和其他在莫斯科的革命子弟寄去了 21 种共 60 本书。

②指由中共党组织送到苏联学习的中国少年儿童，他们当中有许多是革命烈士的子女。

【延伸阅读】

毛主席十次到安源

一、1920 年 11 月下旬，毛泽东第一次来到萍乡进行社会考察，在萍乡连续给向警予、罗璈阶（即罗章龙）、李思安等写了 8 封回信和一篇按语，并在萍乡编辑了《新民学会会员通信集》第一、二集，并选定了第三集的内容。

毛泽东去安源（油画　刘春华作）

二、1921 年秋，毛泽东以湖南平民教育促进会教员的身份来到安源考察，深入安源煤矿，广泛接触工人，传播革命道理，为开展安源工运做准备。

三、1921 年 12 月中旬，中共湘区委员会确定安源为开展工人运动的重要地方，毛泽东同李立三、张理全、宋友生一起来到安源，同路矿工人商定开办工人夜校，建立安源路矿工人俱乐部。下旬，李立三奉中共湘区党组织委派来安源开展工人运动。

四、1922 年 5 月，毛泽东到安源巡视工作，落实中共中央局 1921 年 11 月通告以及第一次全国劳动大会和青年团第一次全国代表大会精神，对党、团、工会的组织工作进行检查、督促和指导，同时也了解各方情形，以便向即将召开的党的二大报告。

五、1922 年 9 月初，毛泽东到安源部署罢工斗争。从安源的实际出发，提出了“哀而动人”的罢工策略，作出了发动罢工的决定。

六、1922 年冬，毛泽东到安源巡视罢工后工运发展状况，听取了有关大罢工情况的汇报，指示安源党组织总结斗争经验，壮大组织，巩固和发展罢工斗争的胜利成果。

七、1923 年 4 月下旬，毛泽东到安源，巡视指导二七惨案后的工作，指示安源工运采取“弯弓待发”之势，提高警惕，加强防范，保存革命力量。

八、1927 年 9 月初，毛泽东以中共中央特派员身份来到安源，在张家湾召开秋收暴动军事会议，传达中共八七会议精神，部署秋收起义，成立了以毛泽东为书记的前敌委员会，组建了工农革命军第一军第一师（下辖三个团）。

九、1927 年 9 月下旬，秋收起义各部受挫后，毛泽东果断地决定放弃攻打长沙的计划，率部队经浏阳文家市，再次来到萍乡，经上栗桐木、小枧和安源高坑、芦溪山口岩，到莲花高滩、甘家等地，在莲花县城宾兴馆召开了前委军事会议，作出了引兵井冈的决策，率领秋收起义部队向井冈山进军，创建了井冈山革命根据地。

十、1930 年 9 月 24 日，毛泽东、朱德率红一方面军到达萍乡安源，进行部队修整，扩军筹饷，做群众工作。毛泽东、朱德分别在扩红大会上演讲。此次扩红有 1000 余名安源工人、农民参加红军。

【相关作品】

安源会议与《西江月·秋收起义》

曾绍文　胡冬初

《秋收起义在江西》（文物出版社 1993 年版）是这样记载安源会议的：“毛同志到安源后，即召集同志报告八七会议的经过，新政策之变更，如湖南省委之改组，他自己之回湘及秋收暴动之决定。他说两湖的秋收暴动是我在中央时决定的。湖南指挥暴动的机关，分为两个：一个是前敌委员会，以毛泽东为书记，以各军事负责人为委员。一个是行动委员会。以易礼容同志为书记，以各县负责同志为委员。”

安源会议，即秋收起义安源军事会议。1927 年 9 月初，毛泽东中共中央特派员和湖南省委秋收起义前敌委员会书记身份在安源张家湾召开军事会议。会议传达

西江月·秋收起义
毛泽东
军叫工农革命，
旗号镰刀斧头。
匡庐一带不停留，
要向潇湘直进。

地主重重压迫，
农民个个同仇。
秋收时节暮云愁，
霹雳一声暴动。

《西江月·秋收起义》

了中共八七会议精神和湖南省委关于秋收暴动的决定。会议确定了起义部队的番号、建制和名称，以及进军长沙的路线、时间。

安源会议后，毛泽东心潮澎湃，激情迸发，欣然提笔，写下其平生中第一首不朽军事诗作。这首词采用写实的手法，将情志寓于记事之中，其词句朴实，然力胜千钧。《西江月·秋收起义》只有短短的50个字，却真实地再现了秋收起义的历史，深刻地揭示了农民暴动的根源，揭示了革命斗争的重大转折方式——农村包围城市，武装夺取政权。“霹雳一声暴动”，拿笔杆子的毛泽东开始带兵打仗，逐步成为一个用枪杆子改写中国历史的诗人、军事家和战略家。

《西江月·秋收起义》对于研究毛泽东思想具有分水岭的意义和价值，从这首作品中可以看出毛泽东的人生旅途和诗词内容及创作风格也发生了重大变化。《西江月·秋收起义》之前的毛泽东诗词，尽管也写得心潮激荡、慷慨激昂，也在为中国的前途命运忧患与呼号，但所抒发的更多的是一种“书生意气”，与秋收起义之后的“横槊赋诗”相比，无论在内容、题材和风格上都存在很大差异。

《西江月·秋收起义》是中国革命斗争的史诗，它宣告了中国共产党领导的工农革命军的诞生。这支新型的人民军队来自工农，代表着最广大人民群众的根本利益，勇往直前，不断从胜利走向胜利，最终建立中华人民共和国。

（原载《文化萍乡》2017年第3期，有改动）

刘少奇

（1898—1969）

刘少奇（1898—1969），湖南宁乡人。伟大的马克思主义者，伟大的无产阶级革命家、政治家、理论家，党和国家主要领导人。1921年到苏联莫斯科东方共产主义劳动大学学习。同年加入中国共产党。1922年从莫斯科回到上海，在中国劳动组合书记部工作。9月到安源同李立三等领导安源路矿工人大罢工。1923年4月当选安源路矿工人俱乐部总主任。在安源期间推动完善安源路矿工人俱乐部的组织体系和民选制度，大兴文化教育活动，扩充工人消费合作社经营规模，兴建安源路矿工人俱乐部工会大厦；实行劳资合作，组织工会参与矿山管理，整顿萍乡煤矿，使安源成为全国工人运动的一面旗帜。1925年春，离开安源赴广州参加第二次全国劳动大会并当选中华全国总工会副委员长。中华人民共和国成立后，担任中央人民政府副主席，1959年至1966年担任国家主席。

“我们希望你能决心做个进步的、革命的青年”

——刘少奇、王光美给女儿平平的信

亲爱的平平：

祝贺你就要满十四岁了，希望你的十四岁生日过得有意义。满十四岁，在生理上，就已成长为青年；在智力方面也具有一定的思考能力。我们希望你在满十四岁以后，认真地考虑一下：你到底要做一个什么样的青年？在我们的社会主义新中国里，大多数青年都是有一定的社会主义觉悟的，但是，仍有先进的、一般的和落后的青年之分。做个落后青年，整天想不费力气、不费脑筋，而又能吃得好些、穿得好些、玩得多些，看来，似乎是最讨便宜、最“享福”的；实际上，这样的人，是最苦恼的。他们没有远大理想，不关心别人，只计较吃、穿、玩，计较个人得失，不仅当前不会心情舒畅，将来，也是没有前途，没有用处，经常要处在苦闷和困难中。在困难的、复杂的阶级斗争环境中，在某些关键的时刻，这样的人就很可能变为反对共产党、反对人民、反对共产主义的坏分子。你应当力争上游，不要安于中游，不要做落后分子和自私分子。我们认为，根据你的健康状况、智力条件和你自幼所受的党的教育，你不应当

刘少奇与夫人王光美、女儿刘平平合影

只安于中游，不应当马马虎虎地度过你的青春时期。我们希望你能决心做个进步的、革命的青年，具有远大的共产主义理想，具有雷锋式的平凡而伟大的共产主义精神，能够真正继续承担起革命前辈的革命事业。现在学习要认真、刻苦，热爱劳动，虚心学习别人的优点，关心集体，关心国内外大事，为了人民和集体，可以有所牺牲，并且注意锻炼身体。将来，党和人民需要你做什么，你就可以做好什么工作。当然，要这样做是会有许多困难，要吃苦，要吃一些亏，要受委屈，甚至要牺牲的；但是，只要你真正决心献身于伟大的共产主义事业，决心把我们的国家建设成为富强的社会主义国家，真正关心全世界人民的解放事业，任何困难都是能够克服的，虽然吃了苦，吃了亏，你反而会心情愉快，心情舒畅的。希望你认真地考虑。

只要你真正决心做个进步的、革命的青年，永远听党的话，并严格地要求自己、管束自己，依靠老师、同学和家里的帮助，你一定能够给党和人民做出更多的工作，党和人民一定会更喜爱你的。

如果，你认为我们的意见是对的，那么，从现在开始，你就要以一个优秀的共青团员的标准要求自己，共青团员应做到的事，你都要做到；做错了的事，勇敢地改正。这样，等你满了十五岁以后，共青团的组织一定会欢迎你成为共青团的一个正式团员的。

吻你！

爸爸和妈妈

1963年5月9日晚赴越前夕，于昆明

注：1963年5月1日至6日，刘少奇和夫人王光美访问柬埔寨，之后回到昆明稍事休息，接着于5月10日至16日访问越南。这是赴越前一天的晚上，他们写给女儿的家书。刘平平是刘少奇与王光美的第一个女儿。刘平平1949年5月出生，刘少奇写这封信时，十四岁的刘平平正在北京上中学，信中刘少奇要求她以一个优秀的共青团员的标准要求自己，献身于伟大的共产主义事业。刘平平1980年赴美念书，获得哥伦比亚大学营养教育博士学位。回国后，刘平平曾任北京食品研究所所长、贸易部科技司司长。2009年12月，刘平平因病在北京逝世。刘少奇是党内公认的党建理论家，他的《论共产党员的修养》是党建理论的重要著作。他曾说："一个人要求得进步，就必须下苦功夫，郑重其事地去进行自我修养。"刘少奇自律极严，这封家书体现了他也是这样要求儿女的。

“应该在安源建立一个纪念碑，并举行追悼会，以纪念安源一切死难的烈士们”

——刘少奇复范明庆并转安源镇工会的信

范明庆同志并转安源镇工会诸同志们：

你们四月八日给我的信，收到了。谢谢你们！你们所请增加工会两个脱产干部及修轻便铁道事，已转江西省总工会及铁道部酌情办理。我曾在安源工作过三年，安源的许多事，

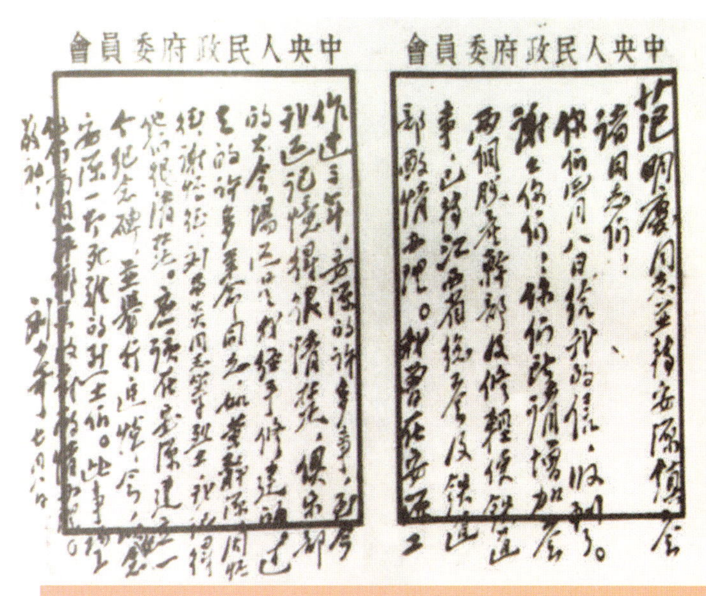
中央人民政府委員會

中央人民政府委員會

刘少奇复范明庆并转安源镇工会的信

至今我还记忆得很清楚，俱乐部的大会场还是我经手修建的。过去的许多革命同志，如黄静源、周怀德、谢怀德、刘昌炎同志等烈士，我记得他们很清楚。应该在安源建立一个纪念碑，并举行追悼会，以纪念安源一切死难的烈士们。此事望你们商同萍乡县政府酌情办理。

敬礼！

刘少奇

七月八日

注：范明庆（1899—1968），湖南醴陵人，原萍乡煤矿工人。1952 年，他在安源镇工会工作时曾向刘少奇写信，反映安源老工人的要求。

“萍矿工会和所有工人应当实行互助”

据说安源还有些老工人，有住在安源和不住在安源的，他们还有些困难问题不能解决。现在萍矿工会和所有工人应当实行互助，帮助老工人解决这些问题。我认为可以由工会号召在业工人每人捐出一天或半天工资，交工会保管，作为救济和解决老工人困难问题之用。这个建议是否可行？请萍矿工会和工人同志们考虑酌定。谨此，向萍矿全体工人同志们以及萍矿的老工人同志致意。

刘少奇

一九五七年十一月十三日

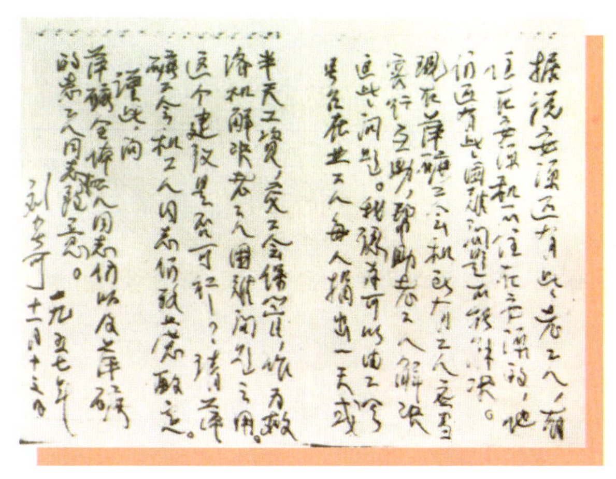

据说安源还有些老工人，有住在安源和不住在安源的，他们还有些困难问题不能解决。现在萍矿工会和所有工人应当实行互助，帮助老工人解决这些问题。我认为可以由工会号召在业工人每人捐出一天或半天工资，交工会保管，作为救济和解决老工人困难问题之用。这个建议是否可行？请萍矿工会和工人同志们考虑酌定。谨此，向萍矿全体工人同志们以及萍矿的老工人同志致意。

刘少奇 一九五七年十一月十三日

刘少奇在朱子金的笔记本上留言

注：1957年11月13日，刘少奇同志在北京接见朱少连烈士的女儿朱子金同志，并在她的笔记本上留言，要萍矿工会关心照顾老工人。

【延伸阅读】

安源别子

刘少奇与何葆贞在共同的革命工作中相知相恋，于 1923 年 4 月结成了伉俪。第二年，他们的第一个儿子刘允斌降生了。

1925 年的春天，组织上决定派刘少奇赴广州领导工人运动和筹备第二次全国劳动大会及筹建中华全国总工会，担任更为重要的工作，何葆贞也一同前往。望着摇篮中不满周岁的小斌斌，在临别安源的前夕，年仅 23 岁的何葆贞陷入了极度的茫然与痛苦之中：将斌斌带在自己身边，可以给他母爱的温暖和关怀，可广州是当时党中央领导全国工人运动最高机构的所在地，将会有多少繁重而紧要的工作在等待着少奇呀！严酷的现实也不容许拖儿带女，这样会影响工作和事业啊！就在何葆贞彷徨不定时，刘少奇读懂了她的心事："宝珍，还是把斌斌交给我六哥抚养，送回湖南宁乡老家去吧！"何葆贞迟疑了一下，欲语还休："好，那就捎个信叫六哥来一趟安源。"

几天后，六哥赶来接斌斌，当他抱起斌斌向他们道完别，正欲离开时，何葆贞难忍别子的凄苦，突然抢过一步，一把从六哥怀中把斌斌又紧紧地抱在自己的怀中，泪水如断线的珠子："斌斌，斌斌，妈妈舍不得你呀！"一边叫着一边亲吻着孩子的脸颊。刘少奇用平静的语气说："那就让斌斌再住一晚吧！"

夜深了，一轮弯月斜挂天边，何葆贞还睁着眼睛，没有丝毫的倦意，望着熟睡中的斌斌，她的思绪上下翻滚着：少奇去广州工作，作为妻子更要当好他的帮手，不能拖累他。可斌斌还太小了，谁知道这次一别，母子何时才能再相见呀！难覆的心疼又一阵阵地袭上心头。她定了定神，遥望着东方，一丝光亮已咬破了天边一角，正渐渐地露出了曙光。这时开完会刚回来的刘少奇悄悄地走过来，轻轻地揽着她的双肩，关切地问道："想好了吗？""真难呀！可投身革命不就要以天下为己任，舍小家为大家吗，我想好了。"

第二天早晨，何葆贞亲手将斌斌交给了六哥，与刘少奇一道缓缓地将他们送到俱乐部门前，然后挥了挥手向斌斌告别。

从此，何葆贞随刘少奇辗转广州、上海、武汉等地，直到1934年10月在南京雨花台壮烈牺牲，就再也没有见到她的儿子斌斌了。安源别子后，何葆贞只能在思念中寄托着一个母亲对儿子的无限牵挂，却把一个母亲伟大的情怀和大义，长存在后人永远的景仰与记忆里。

（摘自《红色安源》，江西人民出版社1981年版）

“只要十五块钱”

大罢工胜利后，俱乐部趁事业的发展，在十月末进行了整顿和改组，健全了各级代表会议和俱乐部的领导机构。工人又一次看到少奇同志他们一心为工人事业奋斗的精神和艰苦的生活；更加信赖和尊敬自己的领袖，纷纷向工人代表建议，要让少奇和立三他们在俱乐部拿工薪，每个月拿两百元钱。这个建议很快由代表反映到俱乐部，少奇同志却说只要十五块钱，立三同志也支持他的意见。工人很快都晓得了，都说矿长每个月四百二，俱乐部的主任却只拿十五块，实在太少了。

一天，当我（安源工人张明生）与少奇同志说起这事，少奇同志坚定地回答说：“我们是工人选出的代表，不能与资本家比呀！何况工人的生活还很苦。”他这一说，使我不好怎样再讲下去了，只感到少奇同志体贴工人的困难。事情传出后，工人知道了，以为他嫌钱少了，都说要再加一百块。弄得没法子，后来少奇同志在召开党的积极分子会议上，又向大家解释，说他们是中国劳动组合书记部湖南分部派来帮助工友办事的，为了革命，应和工人一样同甘共苦。就是将来打了天下，生活改善了，干部也不能特殊。还说十五块钱，也是从实际出发了，俱乐部的领导与外头办事交往多些，已比一般工人多了不少，就应该够了。

大家听了少奇同志的讲话，都赞叹地说：“他们冒着生命危险来安源给我们办事，不图名，不图利，真是从盘古开天地以来都没有的事！”

最后，俱乐部根据少奇和立三他们的意见，决定凡是在俱乐部拿工薪办事的人，不管是主任与各股股长、夜校教员，还是俱乐部的杂务员，每个月的生活费都是十五块钱。并且规定每月发薪的时间同工人一样，都在月中十五这天，不得私自提前领取。

（摘自《红色安源》，江西人民出版社 1981 年版）

注：①“我”指安源工人张明生。

【相关作品】

刘少奇在安源的著作

刘少奇在安源期间，著有《安源路矿工人俱乐部略史》《二七失败后的安源工会》《俱乐部组织概况》《对俱乐部过去的批评与将来的计划》《救护汉冶萍公司》《整顿萍矿意见书》六篇著作。

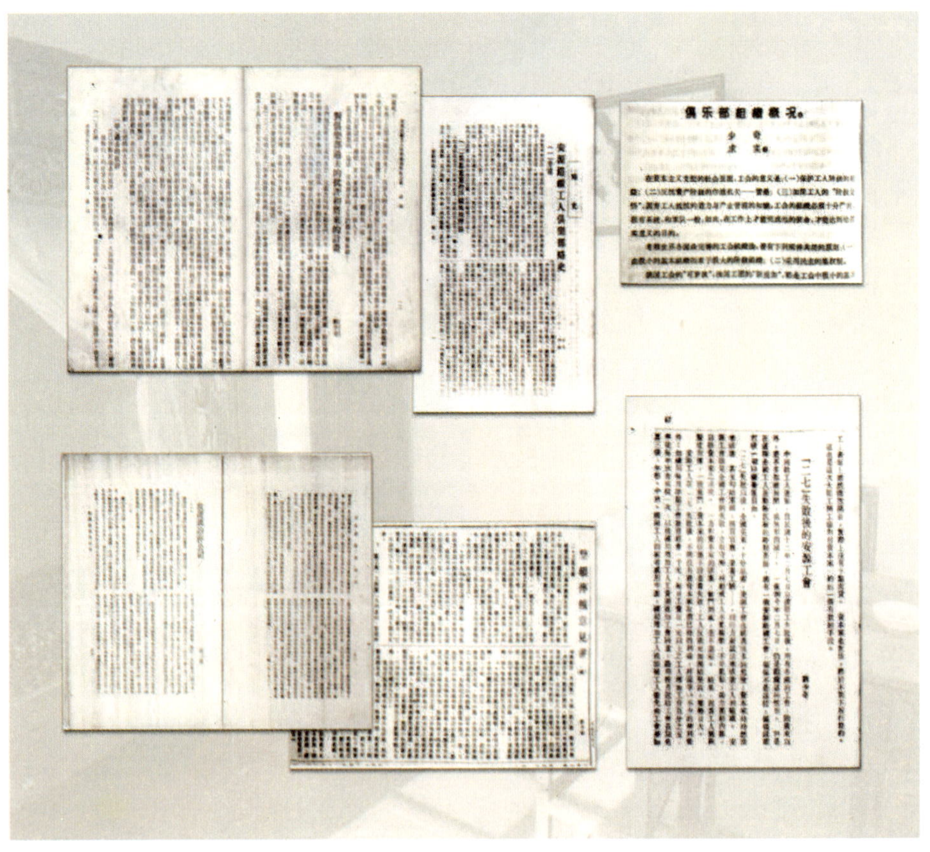

刘少奇在安源的著作

李立三

(1899—1967)

李立三(1899—1967),原名李隆郅,湖南醴陵人。1919年9月赴法勤工俭学;1921年回国加入中国共产党;1921年12月中旬,受毛泽东的委派来安源主持工运工作;1922年上半年,相继开办工人夜校,成立中共安源路矿支部、团支部、工人俱乐部,是第一任安源路矿党支部书记、俱乐部总主任;1922年9月,担任大罢工总指挥,直接领导安源路矿工人大罢工;1923年4月,奉调离开安源。曾一度掌握着中央的实际权力,在1930年犯过“左”倾冒险主义的错误。中华人民共和国成立后,历任中共中央工委书记、劳动部部长、中华全国总工会副主席等职。

“造一个光明灿烂的世界”

——李立三致父亲李昌圭诗信

我是一个断梗的浮萍，
随着那风波而上下飘零。
也到过黄浦江头，
也到过潇湘水滨，
也到过幽燕，
也到过洞庭。
今又吹我到西方来了，
呼吸那自由的空气，
瞻仰那自由女神。
撞那自由之钟，
唤醒那可怜的同胞，
惊起他们的酣梦。
鼓荡雄风，
振作精神，

造一个光明灿烂的世界，

做一个幸福无比的国民。

注：这是李立三于 1919 年 11 月抵达法国后写给父亲的一封信，抒发自己救国救民的凌云壮志。在旅途中，他还写了大意相同的格律诗："今朝呕尽心头血，添得海涛千丈深。大陆神州波洗尽，蓬瀛三岛水烟沉。"

【延伸阅读】

敬告安源工友

安源全体工友们：

俱乐部已经有一年的历史了，这一年的经过，无处不表现出工友们团结的精神和力量。有团结的奋斗，才有今日的成绩。所以俱乐部就是万余工友精神和力量的结晶体，决不是哪一个人创造出来的：群众才有力量，个人决没有力量；团结才是力量，个人决没有力量。这两句话望工友们细细地领会。

我自三月去安以后，便在武汉担任了很重要的工作。现在武汉有三万困苦的伙伴，还没有团结，还处在资产阶级压迫掠夺之下，我正在帮助这些困苦的伙伴慢慢地团结起来！工友们！全世界的工人，都是我们的伙伴，都应该团结一体，我想工友们听见这个消息一定很喜欢的，一定还要勉励我努力向前呢！

安源工友都能团结起来了，我个人的去留，决不成问题，武汉的事务繁多，无半点余暇。所以以后安源的职务，我决不能担任，工友们只要相信自己的团结力，其余一切都不成问题。

我是相信社会主义的人。社会主义是工人的主义。现在俱乐部的办事人，也都是相信社会主义的，他们努力于无产阶级的团结和利益，都和我一样。工友们只要认识了社会主义，便不要认识哪一个人了。只要认识了团体，更不要认识了哪一个人了。

这是我最诚恳的一篇话，望我亲爱的工友们都不要忘却！

（摘自《李立三百年诞辰纪念集》，中共党史出版社 1999 年版）

一人两手，两手十指

李立三开办的工人夜校规模越来越大，引起了路矿当局的警觉，他们隔三岔五地派人来探听虚实，骚扰课堂，但这些派来夜校的人，不是被守门望风的工人支走，就是因为未能发现异常情况而自知没趣地溜走。每当那些不怀好意的人欲闯进夜校时，望风的门卫便故意大声和他理论。这下，楼上的学员听到信号，马上拿出国文课本，齐声念道："十户为一甲，一保有十甲。""一人有两手，两手有十指。"

这时楼下的门卫便故意装作阻挡不住，无可奈何地放他们上去，这些人贼头贼脑地走到教室的窗口边，发现工人若无其事地读书写字，大失所望。也有顽皮一点的年轻人，为逗逗那几个陌生人，故作神秘地说："看你们是刚来的吧，哎哟，怎么不好意思进来呢？这里读书不收你钱，还有新书发，可好呢。不过，这里有个规矩，新来的学员，一定要三跪三拜，一拜孔夫子，二拜先生，三拜老同志。你们如果想进来，三拜之后就可以拿新书上课了。"陌生人信以为真，没想到入学手续竟如此古板，心里直笑对方迂腐，支吾一声，赶紧溜走了。

待这些不怀好意的人走远了，工人们又拿出了他们夜校的补习教材，一边继续学习补习教材上的有关内容，一边开展一些生动实际的讨论。有时，教师还组织他们运用所掌握的一些数学知识算一笔笔的“账”。

教师说：“资本家将工人制造的产品卖出去，所得的价值减掉原材料钱、工资、运费，所余的钱，就是他所得的剩余价值，资本家靠什么发财致富呢？还不是靠榨取工人的剩余价值？再比如，矿上一个工人每月产煤价值40多元，而工人实际拿到手的工资却只有六七元，除掉采煤各项费用和管理费用，剩下部分就是剩余价值。这些钱都被资本家他们无偿剥削去了。资本家之所以不劳而获，其秘诀就在于无偿榨取工人劳动的剩余价值。”

窗外细雨霏霏，寒风袭人；屋内光影摇曳，一片静寂。

工人们聚精会神地听着教员讲课，越听心里越觉得亮堂，教室里不时传来几声轻微的咳嗽声，也有衣着单薄的工人，两手交叉握紧在胸前，以此来驱赶身上的寒意；还有的拿出了自己买来的铅笔，在书本上、草纸上歪歪斜斜地做着笔记，慢条斯理，一笔一画地写着那笨拙稚嫩的字。

工人高涨的学习热情，使全体教员感到由衷的欣慰。为了使教学内容更好地联系实际，更紧地贴近矿工，他们纷纷下到矿区，深入工棚，进行广泛深入的调查研究。李立三根据调查研究的结果，结合工人的生活与思想状况，向他们灌输革命道理，还针对教材内容，采用工人们喜闻乐见的讲授形式，从一些平凡简单的事实，引出一些深奥的革命道理或人生哲理。

他说：“一人有两手，两手有十指，在我们的国文课本里，可谓是白纸黑字，清清楚楚，但是我们想过没有，同样是一人两手，两手十指，资本家住则高楼大厦、食则山珍海味、穿则绫罗绸缎、坐则香车宝马，他们吃喝玩乐，从来不劳动，却反而享尽荣华富贵。而工人群众呢？一年到头，辛苦劳累，种出谷米，挖出煤炭，却最终还是落得个吃不饱、穿不暖的悲惨结局，病了赶你走，死了不如狗，即使挣得有限的几个工钱，还要七折八扣。同样两只手，为什么有的黑，有的白？有的越忙越穷，有的越闲越富？”

一个个直指人心的问号，使得工人们禁不住思考：这到底是为什么？他们运用所掌握的关于剩余价值学说的知识，开始思索他们穷困的缘由，他们或独自沉思，或互相商议，教室里不时响起一片窃窃私语声。

李立三剑眉一扬，对工人们说：“劳动者创造了巨额财富，理所当然应该享有劳动成果，我们要主宰自己的命运，靠什么？还是要靠这双手！”他高举双手，语气铿锵地对工人们说，“我们就是要用这双手，去砸烂这不公平的世道；用这双手，去翻身做主人！”

教室里顿时响起一阵热烈的掌声。

接下来的内容是识字。李立三转身在黑板上用力地写下一个大大的“工”字，然后说：“有的工友说，工字不出头，工人没身翻，生字有出头，生意翻滚翻。我认为不对，大家请看，这‘工’字上面一横是天，下面一横是地，而中间一竖，就是咱工人。也就是说，工人顶天立地，屹立于这天地之间，正是这世界的主人，可谓是大有作为，前景广阔，怎能说是不出头呢？大家再看，这‘工’字下面再加上个‘人’字，不是个‘天’字吗？”

李立三右手一挥，在“工”字下面再接上一个大大的“人”字，说：“谁说工人没有出息，天生就是穷苦命，工人两手擎青天，创造了整个世界，我看将来的天下，也必定是咱工人们的。到时，劳动者不仅要翻身做主人，而且会用自己的双手创造更加美好幸福的世界！大家可以看，资本家吃的、用的、住的、玩的，哪一样不是劳动者创造的，工人们有的是聪明才智，加上勤劳勇敢，只要我们团结一心，敢于斗争，世界必定是我们的！”

一席话，说得工人们热血沸腾，激情满怀。

（摘自《毛泽东刘少奇李立三在安源的故事》，中共党史出版社 1998 年版）

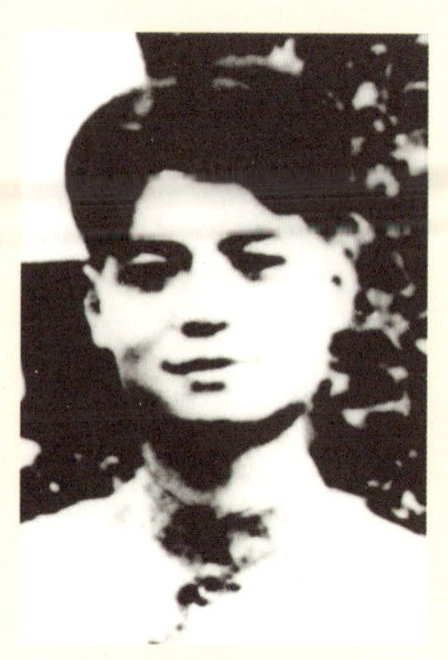

陈潭秋

（1896—1943）

陈潭秋（1896—1943），原名陈澄，字潭秋，湖北黄冈人。1920年10月创建武汉共产主义小组。1921年7月参加中国共产党第一次全国代表大会。1923年二七惨案后，因身份暴露，奉调到安源，先后担任工人学校教员，俱乐部代理窿外主任，青年团地委委员、委员长等职务。1924年秋调离安源。曾先后任中共武汉地委书记、湖北省委组织部长、江西省委书记、满洲省委书记、福建省委书记、中华苏维埃共和国临时中央政府粮食人民委员等职。1939年任中共驻新疆代表和八路军新疆办事处负责人。1943年9月27日在迪化（今乌鲁木齐）被军阀盛世才秘密杀害，时年47岁。

“我始终是萍踪浪迹、行止不定的人”

——陈潭秋给哥哥的信

三哥、六哥：

流落了七八年的我，今天还能和你们通信，总算是万幸了。诸兄的情况我间接又间接地知道一点，可是知道有什么用呢！老母去世的消息，我也早已听得，也不怎样哀伤，反可怜老人去世迟了几年，如果早几年可免受许多苦难呵！

我始终是萍踪浪迹、行止不定的人，几年来为生活南北奔驰，今天不知明天在哪里，这样的生活，小孩子终成大累，所以决心将两个孩子送托外家抚养去了。两孩都活泼可爱，直妹本不舍离开他们，但又没有办法。直妹连年孕产，乳，哺，也受累够了。十九年曾小产了一男孩，二十年又产一男孩，养到八个月又夭折了，现在又快要生产了。这次生产以后，我们也决定不养，准备送托人，不知六嫂添过孩子没有？如没有的话，是不是能接回去养？均望告知徐家三妹（经过龚表弟媳可以找到）。

再者我们希望诸兄及侄辈如有机会到武汉的话，可以不时去看望两个可怜的孩子，虽然外家对他们痛爱无以复加，可是童年就远离父母终究是不幸啊！外家人口也重，经济也不充裕，又以两孩相累，我们殊感不安，所以希望两兄能不时地帮助一点布匹给两孩做单夹衣服（就是自己家里织的洋布或胶布好了）。我们这种无情的请求望两兄能允许。

家中情形请写信告我校徐家三妹转来。八娘子及孩子们生活情况怎样？诸兄嫂侄辈情形如何？明格听说已搬回乡了，生活当然也很困苦的，但现在生活困苦，决不是一人一家的问题，已经成为最大多数人类的问题（除极少数人以外）了。（我的状况可问徐家三妹）

弟 澄上

二月二十二日

【延伸阅读】

到安源矿工中去

二七惨案后，陈潭秋秘密离开武昌，在长沙辗转些时，于5月间来到安源，参加中共安源地委的工作，分管宣传教育及青年团工作。1923年12月，在青年团安源地委第三届委员会上，陈潭秋当选为地委委员，开始任秘书，不久接替陆沉任委员长（即团地委书记），一直到1924年秋离开安源。他的公开职务是安源路矿工人俱乐部教育股副股长和代理窿外主任。

先后调来安源的还有：陆沉（任安源团地委委员长、代理窿外主任等职）、李求实（任安源路矿工人俱乐部文书股长、安源月刊总编辑，负责出版《安源路矿工人俱乐部罢工胜利周年纪念册》）、徐全直（安源团地委委员兼工人子弟学校教员）、王纯素（工人子弟学校教员）等人。在陈潭秋等人被调到安源的同时，1923年4月，中共湘区委员会调李隆郅（即李立三）到武汉，任中共武汉区委书记。

1923年6月，陈潭秋与林育南、项英代表湖北党组织出席了在广州召开的中国共产党第三次全国代表大会。6月12日，大会在广州东山恤孤院路后街三十一号开幕。陈潭秋在会上作了京汉铁路二七案的报告。大会闭幕后，陈潭秋又回到了安源。在安源，他深入工棚、矿井及各路段、工厂，找工人谈心，学习毛泽东、刘少奇和李立三等领导安源工人斗争的经验，教导工人要为中国劳工的解放事业英勇献身。在总结二七大罢工的经验教训时，他深深感到二七大罢工虽然失败了，但工人们吹响的战斗号角，却好像“晓霞飞动，惊醒了五千余年的沉梦”。他们的英勇奋战精神，得到我们四万万同胞的同声歌颂。他号召全中国的劳工，要继续“猛攻！猛攻！捶碎这帝国主义万恶丛！”为了解放我殖民世界之劳工，一定要奋勇！再奋勇！全世界的无产阶级都要相互支持，发扬国际主义精神，“何论黑、白、黄”，他充满胜利的信心展望将来，必是“福音遍被，天下文明”，当人们进入“共产大同”之时，整个宇宙都将“光华万丈涌”。特别是参加党的“三大”后，他心情万分激动，于 1923 年 8 月 10 日在安源，写了一首短诗《我来了》，发表在李求实负责编辑出版的《安源路矿工人俱乐部罢工胜利周年纪念册》上。陈潭秋把党的“三大”决议的精神和党所制定的正确策略，比喻为凉爽的清风，吹到了广大劳苦群众的心窝上，劳工们向党唱出了发自肺腑的“欢迎之歌”。这预示着党的事业将会有新的更大的发展。陈潭秋满怀胜利的喜悦投入了新的战斗。

在安源，陈潭秋特别重视党的教育和组织工人的阵地——工人夜校（或工人补习学校）和职工子弟学校。他在兼任俱乐部教育股负责人期间，采取了有力措施。首先，他加强对工人学校的领导，把当时从各地转移到安源的一批党的干部，安排到学校任教或主事；其次，增设学校，使距离矿区和铁路沿线较远地区的工友和工人子弟也能有较多机会上学受教育；再次，改进教授方法，通俗易懂地向工人讲解马克思主义，灌输社会主义思想。

由于中共安源地委的重视，陈潭秋具体有力的领导，安源的工人教育有了比较大的发展。刘少奇在《二七失败后的安源工会》一文中说到："安源工人在二七失败后，创办了不少的事业。如设立工人学校七所，工人读书处五处，工人图书馆一所，有工人子弟学生七百余人，工人补习学生六百余人。中国工人运动，自二七大罢工失败后，处在极沉寂的时期，独有安源路矿工会，还能打破一切障碍，发展自如，被誉为'小莫斯科'。在安源，各种大的会议及示威活动，仍能继续公开的举行，如五一纪念，罢工胜利纪念，二七纪念，列宁、李卜克内西纪念，黄庞纪念，十月革命纪念等均有数千人之公开集会、游行讲演及演新戏等。每次游行及集会，群众精神异常振作。秩序异常严肃。旗帜、口号、呼声等，莫不震惊一时。"

为庆祝五一节这一全世界无产阶级团结战斗的节日，陈潭秋写了《五一纪念歌》，歌词：五一节，真壮烈，世界工人大团结！发起芝加哥，响应遍各国。西欧东亚与美洲，年年溅满劳工血！不达成功誓不休，望大家，齐努力，切莫辜负五一节！

这首歌，先在工人夜校和工人子弟学校中教唱，由于它通俗易懂，反映了工人群众的心愿，很快就传遍了全矿区，安源工人男女老少都会唱。1924 年 5 月 1 日清晨，天下着蒙蒙小雨，一队队路矿工人从四面八方涌向俱乐部广场，举行隆重的五一纪念会。会后冒雨游行，工人们高唱着《五一纪念歌》，高呼"打倒帝国主义！""打倒军阀！""全世界无产者联合起来！"的口号，精神抖擞地行进在丛山曲径之中。这首响彻天际的战斗歌曲，揭露了资本帝国的罪孽——“年年溅满劳工血”；晓示了工人运动的大好形势——“发起芝加哥，响应遍各国”；唱出了全世界无产者的共同心愿——“世界工人大团结”；表达了中国工人阶级坚强信念——“不达成功誓不休”。几十年来，这首歌词，深深地烙印在工人们的心坎，直到1949年，许多老工人仍熟练地唱着这首歌，迎接人民解放军的到来。这首歌一直鼓舞着安源工人奋勇前进！工人们牢牢地铭记着陈潭秋谱写的歌词“切莫辜负五一节”的教导，永远团结战斗勿稍歇，英特纳雄奈尔（international）就一定会实现。

在陈潭秋的领导下，安源地方青年团的组织也有很大发展。从1923年底到1924年底的一年期间，先后召开了第三、四、五届代表大会，充分发扬民主，听取代表们对工作的意见，及时总结工作经验，大力做好组织发展工作。在陈潭秋任地委委员长期间（1923年12月—1924年5月），共开过会议29次，决议案205件，其中关于团务的150件，宣传的35件，工部事务20件。团支部发展到26个，团员人数为245人，其中绝大多数均已加入中国共产党。

1924年6月中旬，陈潭秋代表安源青年团组织，出席了湘区团第二次代表大会。陈潭秋被选为大会三名执行主席之一，参加和领导了大会的全过程。这次代表大会总结了湘区团的工作，讨论和确定了今后团的任务，并通过了相应的决议案。会后，由陈潭秋和其他两位主席团成员向党中央写了会议情况的报告。

（摘自《陈潭秋传记》，湖北人民出版社1991年版）

【相关作品】

《五一纪念歌》

五一节，真壮烈，世界工人大团结！发起芝加哥，响应遍各国。西欧东亚与美洲，年年溅满劳工血！不达成功誓不休，望大家，齐努力，切莫辜负五一节！

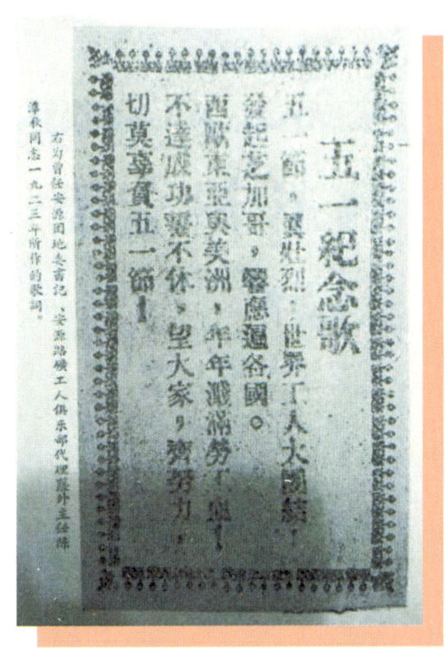

五一紀念歌

五一節，眞壯烈，世界工人大團結！
發起芝加哥，響應遍各國。
西歐東亞與美洲，年年濺滿勞工血！
不達成功誓不休，望大家，齊努力，
切莫辜負五一節！

（陈谭秋作《五一纪念哥》）

注：原载 1926 年 5 月《全国第三次劳动代表大会会刊》。此歌词配有曲谱，在安源工人补习学校教唱过。据曾任安源路矿俱乐部子弟学校第三校主事的李延瑞回忆，此歌曲由陈潭秋在安源时创作。1923 年 4 月下旬，陈潭秋受中共党组织派遣，来到安源任中共安源地委委员，并以路矿工人俱乐部教育股副股长的公开身份为掩护，在该地区从事革命工作。陈潭秋来到安源后，就倡议在五一节期间组织路矿工人进行大游行，并获得组织批准。在地委秘密会上，党组织布置了游行的各项筹备工作，并要陈潭秋创作一首纪念五一的战斗歌曲。由此，《五一纪念歌》诞生了。

卢德铭

（1905—1927）

卢德铭（1905—1927），四川宜宾人。秋收起义总指挥。黄埔军校第二期学员，在黄埔军校期间，加入中国共产党。北伐期间，任铁军叶挺独立团的连长，因作战勇敢，战功显赫，先后升任独立团营长、团参谋长。1927 年 6 月，国民革命军第二方面军总指挥部在武昌成立警卫团，卢德铭受中共委派担任团长。8 月底受党指派参加毛泽东领导的秋收起义。9 月 9 日，湘赣边界秋收起义爆发，卢德铭率团参加起义，警卫团改编为工农革命军第一军第一师第一团，任起义部队总指挥，毛泽东任前敌委员会书记。19 日，与秋收起义前委书记毛泽东会师于湖南文家市。21 日，秋收起义部队开始向井冈山进军，24 日到达芦溪。25 日早上，部队在山口岩遭到朱培德部队拦截，突围时不幸牺牲，年仅 23 岁。2009 年 9 月 25 日，被评为“100 位为新中国成立作出突出贡献的英雄模范人物”。

卢德铭家信（节选）

陈炯明叛变了，第一次东征失败。我们组织学生军去讨伐他，现在把陈反革命陈逆驱赶到广东去了。我们打败了敌人，我心里高兴。[①]

我不是不怀念家庭，其实我也想念父母和兄嫂侄儿等。在梦中曾发呓语，呼喊权一（卢德铭的大侄子）、少南（卢德铭的小侄子）。醒来时，同志们笑我说，参谋长还在思乡呢！[②]

现时局转变，为了不连累家庭，今后我暂时不寄家书了，你们也不要来信！我没有钱寄回去。家中如果没有钱用，可将杨家时那十几石租卖了。[③]

如果瑞勤（注：未婚妻）真要等我，则我对她有几点要求：一要读书；二要革命；三不要缠脚……[④]

注：① 1925 年 2 月，时年 20 岁的卢德铭，在参加征讨广东军阀陈炯明的战斗后，写下这封家书，字里行间，对革命怀着饱满的热忱。

②在卢德铭短暂而光辉的生命中，对亲人的思念常常在家书中呈现。

③ 1927 年四一二反革命政变后，卢德铭怕连累家人，写下了最后一封家书。

④在江西芦溪县的卢德铭烈士陵园，仍然保存着关于他南征北战之余，写给家人信件中的一些片段，这些文字既彰显着这位革命先烈的坚定信念，也表达了一名在外游子对亲人、情人的真挚思念。至今读来，仍令人动容。

【延伸阅读】

革命的一生，战斗的一生

1924 年秋，卢德铭经孙中山推荐，被黄埔军校破格录取，进入第 2 期步兵队学习。同年年底加入中国共产党。1925 年 2 月，参加讨伐军阀陈炯明的东征战役。毕业后留校，在政治部组织科当科员。

北伐建功

1925 年 2 月，卢德铭任东征学生军侦探长，率学生军 60 人参加讨伐陈炯明的战斗，数次化装潜入陈炯明军侦察情报，提供了大量兵力、将官部署、火力配备的信息，为主力部队做出正确的战斗指挥提供了有力的保障。

1925 年 11 月，叶挺独立团在广东肇庆成立，卢德铭任该团二营四连连长，随部队在广东西江、高要、广宁一带反击地主武装，帮助当地成立农会，开展农民运动。

1926 年 5 月，叶挺独立团担任北伐军先锋，卢德铭随团进发。6 月初，率部坚守渌田镇，打垮进攻部队，并主动发起反击，最终全歼敌人。在平江、汀泗桥、贺胜桥战斗中，卢德铭表现优异，战功卓著，晋升为第一营营长。攻克武昌后，独立团改编为第二十四师第七十三团，卢德铭任参谋长。

参加毛泽东领导的秋收起义

1927 年 6 月，国民革命军第二方面军总指挥部在武昌成立警卫团，卢德铭受中国共产党委派担任团长。时值“马日事变”后，湖南大批共产党员和革命群众遭到杀害，上级党组织决定把在湖南工作的一批领导骨干转移到武汉。卢德铭利用职务便利，将宛希先、何挺颖、何长工安排在警卫团担任各级干部，既保存了革命力量，又加强了中国共产党对这支部队的领导。

1927 年 8 月 1 日，周恩来、贺龙、叶挺、朱德、刘伯承等发动南昌起义。卢德铭与团参谋长韩浚、团指导员辛焕文研究，决定响应南昌起义，利用张发奎的调令将部队带走。8 月 2 日，他率领警卫团 2000 官兵东下，前往江西南昌参加起义。然而，当部队抵达奉新县时，得知起义部队已南下，未赶上南昌起义，并且由于张发奎部队的堵截，警卫团与南昌起义部队联系中断。于是改变计划，将部队带到湘鄂赣三省交界的修水休整待命，并与中共湖南省委负责人夏曦取得联系。夏曦命令卢德铭继续参加南昌起义。当途经武汉时，当地党领导向警予请示中央，否定了夏曦的命令，令其返回原部队。卢德铭在农协干部护送下返回修水，参加毛泽东领导的秋收起义。

坚决支持毛泽东率起义部队上井冈山

1927 年 9 月 9 日，卢德铭率领警卫团参加毛泽东领导的湘赣边界秋收起义，部队改编为工农革命军第一军一师一团，任工农革命军第一军第一师师长、中共湖南省委前敌委员会委员，并任起义部队总指挥。当天，率起义部队一团从修水西门出发，到渣津一带宿营。

10日，攻下朱溪厂，越过修水、平江边界，打下了平江的龙门厂。

11日，路过金坪攻打长寿街时，腹背受敌，情况危急。为保存革命实力，他反对硬拼，当即组织反击，然后安全撤退，带领一团向浏阳转移。起义部队原计划夺取长沙，后因双方力量悬殊，各起义部队先后遭到挫折。此时，党内出现意见分化，师长余洒渡坚持“取浏阳直攻长沙”的意见；毛泽东提出改变攻打长沙，转向山岭中进行武装割据的主张。卢德铭坚决支持毛泽东的作战计划和主张，支持起义部队上井冈山。会议上经过激烈争论，最后通过了毛泽东的主张。

21日，工农革命军在毛泽东领导下，由浏阳文家市出发，向井冈山进军，经桐木、小枧，24日到达萍乡芦溪宿营。

25日拂晓，部队从芦溪更田村宿营地出发，江西军阀朱培德部队江保定保安特务营和江西第四保安团从萍乡赶来尾随追击，部队行进在离开芦溪15里的山口岩时，后卫第三团遭敌军数路夹击，部队损失严重。为掩护部队前进，卢德铭挺身而出，从前队折回，带领一个连抢占高地阻击特务营和保安团，同时指挥被打散的第三团官兵向前卫部队靠拢，在此过程中被一颗子弹击中右胸，壮烈牺牲。毛泽东痛惜不已，高喊：“还我德铭！”

（摘自《人民日报》“英雄烈士谱”）

蒋先云

（1902—1927）

蒋先云（1902—1927），字湘耘，湖南新田人。1917年考入湖南省立第三师范学校。五四运动期间，在毛泽东的领导下，任湘南学生联合会第一届总干事，与夏明翰、黄静源共同领导组织湘南25个县学生的罢课运动。1921年10月，经毛泽东介绍加入中国共产党。1922年7月前往江西安源主持安源路矿工人补习学校校务，9月参加毛泽东主持召开的决定安源大罢工党组织会议，并与刘少奇、李立三共同组织、领导安源路矿工人大罢工。同年，被安源路矿工人俱乐部派往湘东永和煤矿和湖南水口山铅锌矿领导工人运动。1924年由毛泽东介绍考入黄埔军校第一期，被誉为“黄埔三杰”之首、“黄埔奇才”。1926年参加北伐，任北伐军第五团团长，授陆军少将军衔。1927年2月14日，被周恩来派往武汉工作。1927年5月28日在河南临颍作战时不幸英勇牺牲。同年6月8日，周恩来亲自主持蒋先云的追悼大会，当时的国民革命政府追授其为中将军衔。

“我相信本团官兵同志最少也能知道我是革命的”

——蒋先云敬告本团官佐

亲爱的革命的官长同志们：

相处将及一月了，在这短时期中，虽然没有经过十分严重的枪林弹雨的战况，而风餐露宿的辛苦，总算是尝试过了。我很能从你们的辛苦中认识和钦佩你们的精神，然我对于革命同志的素习，是历来不愿意互相标榜我们的强处，只是严格地批评其弱点。因为革命者只有自己从精神上去表示努力，从工作成绩上去自慰，用不着空受他人所谓的嘉奖。只有严格的批评，方可弥补自己的弱点，训练和增进我们实际做事的能力。因此我对于本团亲爱而革命的同志，只能沿其旧习，不客气地要求及评责。我相信本团官兵同志最少也能知道我是革命的，我希望进一步认识我的革命性，尤希望各同志时时接受我立在革命观点上的评责。

尽管自称革命是不够的。革命者是必须要从工作上去表示他的努力，尤其是困苦艰难之中，枪林弹雨之下，更能表示他能坚忍、能牺牲的精神，否则决不是一个真实的革命者。本团是脱胎于旧军队，我未始不知道诸同志的困苦艰难，可是我同时相信诸同志是忠勇于革命的青年，青年的革命者，只可缺少做事的经验，绝不应当缺少做事的精神。我们要以勇敢的坚忍的能牺牲的精神，去训练我们做事的能力，增进我们做事的经验。人们不是生来即是能做事的，生来即不怕死的。任他什么事体，最初避免不了许多的困难。令人难干，令人胆怯，但是有了大无畏的精神，决没有打不破的困难和艰险。做事是学会的，孩子是吓大的，诸同志在最近工作中，是不是有了这种感觉?

自信是勇敢的、最能牺牲的还不够，必要具有临事不惧而沉着的修养。天下没有大不了的事，经过多了自可习以为常。遇事先要沉着，能沉着才能确实去观察，观察确实才能有正确的判断，判断正确才能有坚决的决心，决心坚决则胆自壮，气自豪，什么也不怕。要知道部属是以上官为依据的。上官心怯，部属则不战心寒。治军首重胆大心细，但必先胆大，而后能心细;胆怯没有不心慌的，心慌则什么也谈不上。只忙于生命一件，这才真所谓天下无事，庸人自扰。

亲爱的革命的官长同志们！我们是知道革命理论的，我们是受过革命的训练的，我们不努力，不奋斗，不牺牲，不沉着，部下没有训练的士兵，又将怎样？善于带兵，决不专靠军纪来管束士兵，决不专靠几元饷洋来縻系士兵，更不能专以空头话来鼓舞士兵，必要以革命的精神去影响士兵。平时官长能努力，士兵没有不服从的，战时官长能身先士卒，士兵决没有怕死的。我前已说过，只要“舍得干”，天下没有干不了的事！

革命者必先能顾虑党国的前途，而后及于自己。我们要自信为革命者，能容得我们怕困苦怕危险吗？本团第十连连长董振南，参谋邓敦厚，“前第四连连长”畏死潜逃。此类假革命者，当不足以言党国，然其于自身前途何？他们即幸而有命，还能再做人吗？虽生犹死，何以为生！

亲爱的革命的官长同志们！“岁寒然知松柏之后凋也。”天下无难事，只要舍得干，望诸同志振作起来，共相奋勉！

团长　蒋先云

五月七日

【延伸阅读】

蒋先云与安源工人运动

蒋先云不仅在疆场上英勇善战，而且在领导工人运动方面也是卓有成效的。在安源路矿工人运动中，蒋先云参与创办了工人补习学校，宣传革命真理；他参与领导工人成立俱乐部，加强了工人的团结，在参与领导工人罢工过程中，他指导工人运用灵活的策略同反动当局进行了有理、有利、有节的斗争，以至取得罢工的完全胜利，蒋先云不畏高压，坚决为工人的疾苦奔走呼号，他的成功为无产阶级的解放斗争提供了宝贵经验。

创办安源工人补习学校，宣传革命真理

1922 年 1 月，中共湘区委员会决定派蒋先云到安源以加强对工人运动的具体领导。蒋先云一到安源就深入矿井，进行调查研究。为了提高工人的觉悟，唤醒工人的斗志，李立三、蒋先云等人在安源路矿五福巷创办了工人补习学校及国民学校。他克服学校房子少、桌椅短缺等艰苦条件，深入工棚，成天去东家串西家，到处劝学，他因此获得了“游学先生”的绰号。

在工人补习学校里，蒋先云以平民教育的合法形式，向工人宣传革命真理。他名为提倡工人教育，实则灌输共产主义，所用教科书本，无一不采用列宁、马克思之学说。为了加强宣传，蒋先云从

长沙买来一部油印机。他和李立三等人自编自印“发财与打劫”“无产阶级”“资本家与资本主义”“为什么要革命”“社会主义”等讲义，这些讲义通俗易懂，深受工人们的欢迎。

蒋先云等人在工人补习学校里非常注重采用灵活的教育宣传方法。他们注重工人识字及提高其普通常识。每周组织针对工人政治报告、通俗讲演及化装讲演、工人辩论会、研究会等。因此，他们的教育宣传方法并非是“机械”的，而完全是启发式的；是用灿烂离奇的手段去教育工人。此外，蒋先云每周发动学员讲演一次，讲演的论题主要有：工人地位及其责任；劳动界的消息；无产阶级解放压迫之方法等。由于方法得当，补习学校里的教育宣传的效果相当显著。一个反动矿监对此深有感触：“过去六七年前的安源工人都是土头土脑，不知怎样叫开会……自共党前往安源俱乐部后，从前不说话的公然能在大会场中说起话，演讲起来！这是共党在安源教育宣传工作第一步的成功。”

此外，蒋先云等在俱乐部另辟一阅报室，备有各种日报和工人刊物，供各工友在工余闲暇阅览，每夜执报诵阅，煞是热闹，工友们极好问，凡有疑惑处蒋先云等都详加解释。通过上述各种活动，蒋先云在补习学校里给工人灌输了初步共产主义思想，激发了工人“从前是牛马，现在要做人”的革命激情，促进了工人的觉醒，为工人运动起到了重要的思想导向作用。

成立工人俱乐部，加强组织建设

工人俱乐部是工人的团体，是指导工人运动的大本营。蒋先云非常重视工人俱乐部的重要作用。在安源工人运动中，蒋先云和李立三等人在工人补习学校通过自编讲义向工人们反复宣传“工人在世界之地位及有联合起来组织团体与资本家奋斗以减少痛苦解除压迫之必要与可能”。

蒋先云不仅在思想上非常重视工人俱乐部的作用，而且还以强烈的革命责任心和踏踏实实的工作精神，深入实际，为俱乐部的成立做了许多颇有成效的工作。1922 年 5 月 1 日，蒋先云协助李立三成立安源路矿工人俱乐部，蒋先云任俱乐部的党支部书记兼文书股长。工人俱乐部成立后发展很快，在安源路矿，不到三个月就有 1000 多工人加入。特别重要的是，党的支部也发展很快，大约在 1922 年 2 月间才建立起六个人的支部，到 7 月间已发展到三十多人，成为工人俱乐部的坚强领导核心。

工人俱乐部的成立和发展壮大，使反动当局十分恐慌，欲除之而后快。蒋先云不为利诱，不畏高压，坚决捍卫俱乐部的成果。反动矿局副局长舒楚生曾亲自到安源路矿工人俱乐部探听虚实，以津贴俱乐部经费、拨给俱乐部房屋为诱饵，企图用笼络手段对俱乐部负责人加以收买，确保无事，但蒋先云、蔡增准等人立场坚定，坚决不为所动。利诱无效后，反动矿局职员沈开运恐吓蒋先云等人“如不尽快离开安源，就有杀身之祸”。他们以为将蒋先云等人先行吓走，俱乐部必定自然瓦解。蒋先云等人对此异常强硬，大义凛然地说：“秉正大光明之宗旨，做正大光明之事业，死也不怕。”蒋先云等人的坚决斗争，打破了反动矿局妄图解散俱乐部的阴谋。

蒋先云不仅协助指导了俱乐部的成立，捍卫了俱乐部的成果，而且非常注重俱乐部内部的组织建设，他总是把组织建设与巩固看作是工作中的一个重要任务，这在党的初期是难能可贵的。

采取灵活策略，坚决领导罢工

1922 年 9 月，刘少奇、李立三、蒋先云等人领导了安源路矿工人罢工。五天后，反动当局被迫答应工人们的要求，罢工取得了圆满胜利。这次罢工的胜利，与刘少奇、李立三、蒋先云等人在罢工中运用的灵活策略是分不开的。他们所运用的灵活策略主要体现在罢工战术、罢工纪律、罢工领导者的斗争策略三个方面。罢工战术是罢工斗争能否胜利的重要条件。蒋先云等人认为罢工的胜利离不开社会各界的同情和舆论的支持，为此他们在领导工人罢工时采用了“哀兵必胜，哀而动人”的战术，由于采用的罢工战术和罢工口号得当，他们领导的罢工斗争迅速得到社会各界的声援，从而加速了罢工的胜利进程。蒋先云等人对工人罢工纪律的重视加强了工人的团结，减轻了罢工的外在压力，为罢工胜利创造了重要条件。

罢工后，蒋先云等人在对敌斗争中的坚定立场和有理、有利、有节的斗争策略是罢工斗争获得彻底胜利的重要因素。

蒋先云在早期工人的运动中，尽职尽责，全身心地投入工作中，为宣传革命真理，组织领导工人运动，做了许多艰苦卓绝的工作。他在安源路矿、水口山工人运动中的成功，既鼓舞了全国产业工人的斗志，又为后来的无产阶级解放运动提供了宝贵的经验。

（摘自《黄浦第一杰蒋先云》，湖南人民出版社 2012 年版）

高君宇

（1896—1925）

高君宇（1896—1925），原名高尚德，字锡三，山西静乐人。五四运动时为北京大学学生会负责人之一。1920年，与邓中夏共同组织北京大学马克思学说研究会。1920年，加入北京共产主义小组，为全国最早的58名党员之一。1921年，加入中国共产党。1922年，当选为中国社会主义青年团第一届中央执行委员会委员和中共第二届中央执行委员会委员。1923年8月，以中共第二届中央教育委员会委员身份，来到安源参加安源路矿工人俱乐部罢工周年纪念活动。1925年，在北京病逝。

“担我应负改造世界的责任”

——高君宇给恋人石评梅的信

评梅先生：

十五号的信接着了，送上的小册子也接了吗?

来书嘱以后行踪随告，俾相研究，当如命；惟先生谦以“自弃”自居，视我能责以救济，恐我没有这大力量罢！我们常通信就是了！

“说不出的悲哀”，这恐是很普遍的重压在烦闷之青年口下一句话罢！我曾告你我是没有过烦闷的，也常拿这话来告一切朋友，然而实际何尝是这样？只是我想着：世界而使人有悲哀，这世界是要换过了；所以我就决心来担我应负改造世界的责任了。这诚然是很大而烦难的工作，然而不这样，悲哀是何时终了的呢？我决心走我的路了，所以对于过去的悲哀，只当着是他人的历史，没有什么迫切的感受了。有时忆起些烦闷的经过，随即努力将他们勉强忘去了。我很信换一个制度，青年们在现社会享受的悲哀是会免去的——虽然不能完全，所以我要我的意念和努力完全贯注在我要做的

“改造”上去了。我不知你为何而起了悲哀，我们的交情还不至允许我来追问你这样，但我可断定你是现在世界桎梏下的呻吟呵！谁是要我们青年走他们烦闷之路的？——虚伪的社会罢！虚伪成了使我们悲哀的原因了，我们挨受的是他结下的苦果！我们忍着让着这样，唉声叹了去一生吗？还是积极地起来，粉碎这些桎梏呢？都是悲哀者，因悲哀而失望，便走了消极不抗拒的路了；被悲哀而激起，来担当破灭悲哀原因的事业，就成了奋斗的人了——千里程途，就分判在这一点！评梅，你还是受制于运命之神吗？还是诉诸你自己的“力”呢？

愿你自信：你是很有力的，一切的不满意将由你自己的力量破碎了！过渡的我们，很容易彷徨了，像失业者踯躅在道旁的无所归依了。但我们只是往前抢着走罢，我们抢上前去迎未来的文化罢！

好了，祝你抢前去迎未来的文化罢！

君宇

一九二一年四月十六日

【延伸阅读】

祝奋斗的安源工友

高君宇

一年之前，安源工友没有什么组织，大家只是涣散着是了；可是到了去年罢工胜利之后，情形却是大不相同了。到了一年以后的今天，我们更可看见好些进步。我们不但把一万一千位兄弟团结在一起，组成“俱乐部”，且办了我们自己的合作社，办了我们自己的学校，现在要出版我们自己的报。这是怎样大的一个分别，又是怎样可喜的一个新景象。

谁都会晓得，我们所以能有这个新景象，没有别的原因，只是因大家能团结，能奋斗的缘故；现在有强固团结的局面，就是开辟于去年罢工胜利。我们当然不那么可怜地想，以为去年罢工胜利的条件是包含了雇主们的好意。那时雇主们所以让步，所以承认我们的条件，不是因要对我们这些苦人发慈悲，是震服于“我们团结力”的声势强大。雇主们抖擞［哆嗦］是在我们团结力之前，胜利是我们奋斗的收成。

经过一年猛烈的奋斗，安源工友必然得了不少的经验，也必然从这些经验中认识了“我们阶级得胜的道理”。这道理是每一个奋斗的工友都会了解的，是浅近而不深奥的一句话，就是“团结就是我们阶级的武器”。

我们已运用此武器奋斗了一年，已得着了一些成就，是一定的，我们也必然运用此武器于将来，打倒我们阶级目前和最后的仇人，争得我们最后的胜利。

世界是我们工人的劳动造成的，不是安排自上帝的意思，宇宙间也绝没有一位上帝。将现在少数享福多数吃苦的制度推翻，创造一个新的世界，在那个世界里再没有掠夺者，全人类都是兄弟般公平劳动的，这个新社会创造的责任也是在我们工人肩上。但这个新世界的造出不是很简单的一桩工程，第一先要我们斩除柸榛，扫灭路上一切障碍，大刀阔斧地去开辟。就是说：未来文化的光华，是工人们有锐利坚固的武器才造出的。

现在奋斗不已的安源工友，是证明已决定担任这个历史使命的；我们是绝不以现在小小成就为满足，我们是还要奋斗前进。在组织上，我们不但要促进了安源本地团结的强度，且要进而与全国矿工团结，再进而与全国别业工友及全世界工友联合。在工作上，我们不但要做工厂中经济地位改善的奋斗，努力成立自己阶级独立的教育，且要去做政治奋斗。我们说“政治奋斗”，不是要人加入官僚的队伍，是正与之相反的意义，是我们站在统治者对方，用群众及别的奋斗的方法，不断地向反动政权攻击。我们目下首要攻击的政治仇人，就是军阀与洋资本国的侵略主义。工作将予组织以奋斗的经验，组织离开了阶级的意义便不可能。在纪念安源工友奋斗之一年的日子，我们第一件要提起的事情还当是阶级独立团结罢。故我今天唯一的希望，仍然是请安源工友用他们经验去温习一句话，且把那句话当福音传播入一切工人心里，“团结就是我们工人阶级的武器”。

这或者也许是很小的一个希望。但唯他才包括工人阶级重要的一个哲理，胜利就建筑在他的上面。我爱工友的团结，尤爱工友基于阶级认识的团结；我爱工友们的前进，尤爱工友们坚甲整旅的前进！

安源工友的奋斗精神万岁！

（摘自《安源路矿工人运动》，中共党史资料出版社 1991 年版）

注：1923 年 8 月 3 日高君宇以中共第二届中央教育委员会委员身份，来安源参加安源路矿工人俱乐部罢工周年纪念活动，发表了题为《祝奋斗的安源工友》的演讲。

夏明翰

（1900—1928）

夏明翰（1900—1928），字桂根，湖南省衡阳县人。1917年，考入湖南省立第三甲种工业学校。1919年，在衡阳参加学生爱国运动。1921年，加入中国共产党。1923年，任湖南省学生联合会干事长。1924年，任中共湖南省委委员，并负责农委工作。1925年，兼任湖南省委组织部长、农民部长和长沙地委书记。他极力主张武装农民，1927年春，任全国农民协会秘书长兼武汉中央农民运动讲习所秘书，同年7月来到安源，传达中央指示精神，部署隐蔽和保存安源革命武装的工作。中共八七会议后，在湖南积极参加组织秋收起义。10月，兼任平（江）浏（阳）特委书记。1928年初，调任中共湖北省委常委。同年2月，在汉口被敌人逮捕；3月20日，在汉口被杀，时年28岁。2009年，被评为“100位为新中国成立作出突出贡献的英雄模范人物”。

“儿女不见妈妈两鬓白，但相信你会看到我们举过的红旗飘扬在祖国的蓝天！”

——夏明翰写给母亲的信

你用慈母的心抚育了我的童年，你用优秀古典诗词开拓了我的心田。爷爷骂我、关我，反动派又将我百般熬煎。亲爱的妈妈，你和他们从来就是格格不入的。你只教儿为民除害，为国除奸。在我和弟弟妹妹投身革命的关键时刻，你给了我们精神上的关心、物质上的支援。亲爱的妈妈，别难过，别呜咽，别让子规啼血蒙了眼，别用泪水送儿别人间。儿女不见妈妈两鬓白，但相信你会看到我们举过的红旗飘扬在祖国的蓝天！

注：1928 年 3 月，由于叛徒出卖，夏明翰在武汉东方旅社准备转移时不幸被捕。在阴暗潮湿的监牢里，他用半截铅笔给一直支持、疼爱自己的母亲写了最后一封信。

“抛头颅、洒热血，明翰早已视等闲”①

——夏明翰写给妻子郑家钧的信

亲爱的夫人钧：

同志们曾说世上惟有家钧好，今日里才觉你是帼国贤。我一生无愁无泪无私念，你切莫悲悲凄凄泪涟涟。张眼望，这人世，几家夫妻偕老有百年？抛头颅、洒热血，明翰早已视等闲。“各取所需”终有日，革命事业代代传。红珠留着相思念[②]，赤云孤苦望成全[③]。坚持革命继吾志，誓将真理传人寰！

注：①共产党员夏明翰与湘绣女工郑家钧相识于大革命时期党领导的湖南工人运动中，共同的理想信念和革命情义使他们走到一起，于 1926 年结为夫妻。夏明翰年青英俊，才华横溢，郑家钧贤惠善良，性情温和，他们的婚姻可谓天作之合。当年的战友曾写下“世上惟有家钧好，天下谁比明翰强”的对联赠给他们作为新婚礼物。1928 年 3 月，由于叛徒出卖，夏明翰在武汉被捕。在阴暗潮湿的监狱里，他异常想念自己的妻子和女儿，于是用半截铅笔，给深爱的妻子写信。夏明翰在狱中写给妻子的这封信，直抒胸臆，朗朗上口，感情深沉，气度不凡，足见他有着深厚的中国传统文学功底。为了表达对妻子强烈的思念，夏明翰还用嘴唇和着鲜血，在信纸上留下了一个深深的吻痕。

②夏明翰曾赠与郑家钧一颗红珠以寄相思。

③赤云指夏明翰的女儿夏赤云。

“认定了共产主义这个为人类翻身解放造幸福的真理”

——夏明翰写给大姐和外甥女的信

大姐为我坐监牢，外甥为我受株连，我们没有罪，我们要斗争，人该怎样做，路该怎样走，要有正确的答案。我一生无遗憾，认定了共产主义这个为人类翻身解放造幸福的真理，就刀山敢上、火海敢闯，甘愿抛头颅、洒热血。

【延伸阅读】

为真理而凛然献身的夏明翰

“越杀胆越大，杀绝也不怕”

1927年2月，毛泽东在武汉举办中央农民运动讲习班，夏明翰到武汉任全国农协秘书长兼农讲所秘书。“四一二”政变后，惊闻蒋介石背叛革命，夏明翰在悲愤中写道，“越杀胆越大，杀绝也不怕。不斩蒋贼头，何以谢天下”，以示坚定的革命信念。随即党组织派他回湖南任中共湖南省委委员兼组织部长，参与秋收起义的准备工作。10月，他到浏阳指导农民武装起义，调任平浏特委书记。

1928年初，武汉三镇笼罩在一片血雨腥风的白色恐怖之中。夏明翰刚到汉口，立即投入工作。他与新任湖北省委书记郭亮一起听取了由党中央派来武汉的李维汉传达的中央精神，共同研究并决定取消了不顾政治形势而盲目冒险的两湖年关暴动计划，同时迅速通知各县农民武装转移，保存革命有生力量。这时，湖北省委的交通机关已被敌人破坏了。忙于工作的夏明翰，直至2月7日才从谢觉哉那里获悉交通员宋若林不可靠的消息。

夏明翰回到租住的汉口东方旅社烧毁机密文件，正准备转移时，宋若林带着几个特务闯了进来，将他逮捕了，关进了阴暗潮湿、四面无窗的国民党监狱。

“这就是共产党人的大仁大义”

在武汉昏暗潮湿的牢房里，忍受着敌人的残酷折磨，压抑着对亲人的切切思念，憧憬着革命胜利的美好未来，他忍着剧痛，挣扎着拾起敌人叫他写“自白书”的纸笔，拖着手铐脚镣，写下了最后三封信。

第一封信是写给他母亲的，信中写道：“……儿女不见妈妈两鬓白，但相信你会看到我们举过的红旗飘扬在祖国的蓝天！”第二封信是写给他的夫人郑家钧的。他深情地劝慰鼓励妻子：“张眼望，这人世，几家夫妻偕老有百年？抛头颅、洒热血，明翰早已视等闲。”写完此信，夏明翰抑制不住对妻子儿女的强烈爱恋和思念，用嘴唇和着鲜血，在信上留下一个深深的吻印。第三封信是写给大姐夏明玮和她的两个女儿的。他写道：“我一生无遗憾，认定了共产主义这个为人类翻身解放造幸福的真理，就刀山敢上，火海敢闯，甘愿抛头颅，洒热血！”写完三封家书，遍体鳞伤的夏明翰又一次被敌人提审，他知道自己已经来日无多，敌人要对自己下毒手了。

审判官以为年纪轻轻的夏明翰好对付，施以功名利禄的诱惑，要不了几个回合，夏明翰就会乖乖就范。

审判官将夏明翰“请”进了窗明几净的办公室。由于牢房光线太暗，一下子受到强光的刺激，夏明翰感到头晕目眩。刚坐定，一个长官模样的人就走了进来，对夏明翰循循诱导起来。“夏先生，古今中外，因时而动，乘势而变，识时务者为俊杰，概莫能外。当今之世，形势有利于国民党，而不利于共产党。凭着先生的才华，加之令祖的名望，何愁捞不到一个厅长、省长的官职……那将后福无穷啊！”

审判官见夏明翰正襟危坐，气宇轩昂，毫不为之所动，便想以亲情为突破口，“劝”夏明翰三思而行。“先生年纪轻轻，上有老母，中有爱妻，下有娇儿，就这么随便抛妻弃子，自陷于不仁不义，未免可惜。”夏明翰大义凛然地说道：“为共产主义事业奋斗终生，我已不是三思而行，而是一直意志坚定。共产党人爱国家，爱民族，爱劳苦大众，当然也爱自己的亲人，爱妻子儿女。但是，为拯救百姓于水火，为振兴民族之强盛，为后代生活之美满。我们随时准备牺牲自己的生命，这就是共产党人的大仁大义。”

审判官毫无所获，悻悻离去。在随后的多次审讯中，敌人也没有从夏明翰身上捞到半点东西。

“砍头不要紧，只要主义真”

国民党反动派见软的不行，又对夏明翰施以酷刑，把他折磨得血肉模糊，多次昏死过去。夏明翰宁死不屈的革命斗志，使敌人的妄想破灭了，于是，国民党中央电复湖北当局：就地枪决。

1928 年 3 月 20 日，夏明翰已经度过了 43 天牢狱生活。

这天清晨，夏明翰面对刽子手声嘶力竭的喊叫，神态自若地慢慢站了起来。用手指理了理蓬松散乱的头发，弹掉灰布衫上的尘土，扣好领扣，用力推开前来架他的刽子手。他无限深情地点头向难友告别，面带着微笑信步跨出了监牢铁门。夏明翰实践自己誓言的英雄气魄，使刽子手们个个心惊胆战。夏明翰被五花大绑地押出了监狱。一路上，他昂首挺胸，英姿勃发，志如磐石，意如脱马，一路高唱《国际歌》走向刑场。

云低垂，风怒号，行人稀，浪涛急。上苍，对邪恶发出了强烈的抗议，对正义袒露了深沉的同情。夏明翰深情地望着灰蒙蒙的天空和满目疮痍的大地，无限眷恋地俯视着留下他战斗足迹的武汉三镇。他坚信乌云终归是遮不住太阳的，邪恶迟早会被正义所战胜！

行刑官按例走到夏明翰身旁，阴阳怪气地问他“还有什么话说”。

“有，给我拿纸笔来！”夏明翰大声说道。

他用带着铁铐的手，饱蘸浓墨，不，是饱蘸着自己的热血，写就了那首千古传颂的就义诗：

砍头不要紧，只要主义真。

杀了夏明翰，还有后来人！

写毕，他厉声喝道：“开枪吧！”

夏明翰倒下了，但千千万万个“夏明翰”从血泊中站立起来了……

（摘自《党史信息报》第 669 期，2005 年 4 月 20 日）

【相关作品】

就义诗

砍头不要紧，只要主义真。

杀了夏明翰，还有后来人。

金鱼

鱼且能自由，

人却为囚徒。

童谣

民家黑森森，官家一片灯。

民家锅朝天，官家吃汤丸。

诗一首

（1927年7月）

越杀胆越大，杀绝也不怕。

不斩蒋贼头，何以谢天下！

林育南

（1898—1931）

林育南（1898—1931），湖北黄冈人，中国共产党早期领导人之一，长期从事中国工人运动，历任中国劳动组合书记部武汉分部主任、湖北全省工团联合会秘书主任、社会主义青年团中央宣传主任、湖北全省总工会宣传主任、中华全国总工会秘书长、中共湖北省委代理书记、全国苏维埃中央准备委员会秘书长等职。1921 年 7 月，参加具有共产主义性质的组织共存社。1922 年，加入中国共产党。1924 年 11 月，以团中央执委、特派员身份来安源巡视团工作。1927 年 5 月，在中共五大上当选为候补中央委员。1931 年 1 月，被捕；同年 2 月 7 日在上海牺牲。

“此后我更当造成‘山’一般的稳定，‘铁’一样的顽强！”

——林育南给恋人陆若冰的信

若冰我妹！你觉得奇怪吧，如何久无音信呢？我自己也觉得奇怪，我今天处在此地，而且能忍耐到今天才写信给你，真是“出外由外”，哪能由得自己呢？这些时的生活，真是难写。因为校务改革的奋斗用尽了我一切的力量，才得到了相当的成效，同时因为交通的困难，所以迟之又迟仍然还留在这湖山的胜地。倘若“时人不识余心苦，将谓偷闲学少年”呵！在未离沪之前，真是生活矛盾极了，倘如不是因为校务的关系我老早就要离开了，而且想飞快地离开。但另一方面又不知不觉的有点留恋，几次走到西行的电车和汽车的门口，本想跳上去找你，但一转念立刻把我制止了，横直是要走的，而且已经告别了，何必又要去扰乱她妨碍她的功课呢？这个警告终于使我退却了。告诉我妹，证明了我真不是小孩子了，而已有成人的“老练”——“老练”么？妹不会以为是“冷酷”？果如此说，那就正如我妹之“若冰”啊！

冰真好啊，特别是在这眼前的时间和空间中，她是对待这冷酷的社会的人们的武器！在这冷透了的人与人的关系里，我妹呵，真是不要"小热昏"，不要"学观音"，应当"坚如金"，应该"冷若冰"！这是我们的标语，是我们的圣经，识透此中之味，一生受用不尽！

寒冻使人警惕，使人忍耐，使人奋发！在热的被窝里使人留恋，但"铁衾"就要威逼你早起——他真有极大的受用处！不要怕冷呀！记起我"学生时代"的冬令标语了："请看风雪严寒候，谁是当门立足人？"十几年来，我们仍在"程门立雪"，可惜而且可耻呵，吉兄们竟已脱跑到暖阁里去了！但我仍很悔恨我过去还有立足不甚坚定之处，在最近校务改革的奋斗中发现了过去的缺点。此后我更当造成"山"一般的稳定，"铁"一样的顽强！好了，就以这自励，以后就叫我"铁峦"吧！铁峦呵！好自为之！

西湖——十年前的故交，我们三度相见了，其实我并不很喜欢她而爱她的背景——那许许多多，重重叠叠，奇奇怪怪，百看不厌的山呵！我不喜湖而爱山，大概因为我是山中长大的孩子吧！

冰呵！别了！希望我们明年在此地相见，我们到山中去畅游，以偿你几年来杭游的“宿愿”！祝好！

铁峦

十二月十五日

注：陆若冰，生于 1906 年，与林育南同乡。20 世纪 20 年代初，因反抗包办婚姻，跟随哥哥陆沉、表哥卢春山到武汉，住在恽代英、林育英在武昌大堤口办的毛巾厂里。在共同的学习生活中，林育南与陆若冰产生了感情。由于工作原因，两人时聚时分。在不能见面的日子里，他们就用书信互通情况，交流思想，加深感情。大革命失败后，林育南参加领导湖北的秋收暴动。1928 年春，他奉调到上海，任中华全国总工会秘书长。1930 年冬，为筹备在中央苏区召开第一次全国苏维埃代表大会，林育南带人去苏区做大会的准备工作。因国民党准备对根据地发动第一次“围剿”，封锁了通往江西的所有道路，他们无法进入中央根据地，滞留杭州。在路途中没人陪伴，一个人倍感孤单，他十分思念留在上海的陆若冰。这是他于 12 月 15 日写给陆若冰的信，信中表达了自己的思念之情。

【延伸阅读】

林育南巡视安源报告

（1924年11月4日，8日）[1]

宗菊[2]吾兄：

共寄吾兄五函，万万收到后赐复！（回信请寄一萼处）

弟在安已三天了，在这三天中每日参加同学[3]会议至少两次，接触同学多人，情形极好，颇使我精神奋发。校务[4]如长此发展下去，再加负责人能随时计划改进，前途真大有希望也。弟昨上午参加西斯委联会[5]，此会决立一教育全部计划起草委员会，建立安校教育切实而合当之计划。此外，关于 S 与 C 之分化[6]，亦决合组委会切实执行，此后分化当能作成也，详情后报。昨晚参加支部干事全体会议，讲“干事之责任及支部组织之意义”，此会到者甚齐，精神甚振作，此于整顿支部大有希望。现定每晚开支部会议，弟都参加讲题“SY 是什么？”此外临时发生问题，均须随时讲演也。此间基督教颇有势力，弟昨在教支全体会中提出“反基督教问题”，讨论时大家都认为至要，决定开始在我们各支部中宣传讲演反对基督教之意义，同时在子弟及补习校学生中极力宣传，此后各工校明了此义再由他们在工人群众中作反教之宣传。现 C 校亦注意此问题，因基教与安派□□当局有深切之勾结，他们可说是三角同盟来反我们也。

十一月四日晨根上

（此信搁数天未发）

弟在数日中，仍每日参加各次（项）会议，并参观各机关，与同学谈话机会颇多。原拟留三四日即返长，后因我见有多留几日观察全部情形之必要，同时此间同学亦留弟多住几日，前晚 C 校开全体会，弟出席报告对国校策略作十月革命纪念，三校联合开会庆祝，弟报告十月革命之意义，并有各项游艺，情形热烈。昨晚 S 校开全体会，弟报告“冯军入京后之北京政局及我们应取之态度”。后由他们继续报告“□□合作社，扩充廉价部”事项，又由委员报告半年来之团务情形，□宣布提前改选，即于是晚举行选举，人选早由 S、C 两校商定，弟亦参加意见，即由委会提出付表决通过如下：正式的贺昌、胡士廉、涂正楚、卢春山、易子义五人，候补为胡子厚、黄五一、吴景中三人，其一切经过详情可由委会详细报告，兹不赘述。

吴兄寄来之函收到关于政治问题，弟昨日之报告即依据来函所述，关于注重训练事，弟当竭力进行，在长、安两处各项会议，弟均特别注重此点，此二处情形均可，惟武昌则正槽，长江下游一二带恐均为鲁卫之政也。弟返鄂时，当多留武昌几日，特别办理此事，但弟度靠武昌现有之人，难有多大希望。关于款子，弟已交贺昌十月份洋十五元，请此月份津贴不再寄。余六十五元，弟因无寒衣，天冷不能耐，已制大衣一件，故无余款，加之旅途用费，超过预算，下游旅费，尚恐发生问题。此事当再详报。

关于弟必需要各项刊物材料，请寄一弯处转弟。弟拟过二三日即返长，在长留二日返汉，余后告，即此安好！

弟梗⑦上

十一月八日于安源

再，各地接到《中青》《向导》等，约迟一个月之久，非特别设法不可。我想该刊出版，至少用信尽先寄一份于各地委会，至要。

（据中央档案馆所存原稿）

注：①原标题无时间，后根据内容判断。

②宗菊，青年团中央局代称。

③“同学”指共产党员。

④“校务”指党务。

⑤西斯委联会，即党、团地委联席会议。

⑥ c 与 s 之分化，即党、团分化，其内容是两项：一为组织分化，将 28 岁以上超龄团员尽量介绍入党，以便青年团尽量多吸收 25 岁以下青年，使团青年化；二为职责分开，纠正过去以团代党现象，青年团专事青年运动。1924 年 6 月中共中央和青年团联合通告，限各地接通告后三个月之内完成党、团分化工作。

⑦梗，是林育南的别名。当时任团中央秘书。

滕代远

（1904—1974）

滕代远（1904—1974），湖南麻阳人，1923年，考入常德省立第二师范学校。1925年，加入中国共产党。1928年5月前后，随湘东特委和湖南省委几次来安源活动并指导工作。1928年，参加领导平江起义，任红三军团政委、红一方面军副政委等职。1930年6月下旬，与彭德怀所率红三军团之一部约2000人来萍乡，攻占萍乡县城，打开监狱释放被关押的革命分子和工农群众数十人。部队并到安源扩军和做群众工作，有1500多安源工人参加红军。抗日战争爆发后，任中共中央军委参谋长。1940年，调任抗日军政大学副校长。1942年8月，任八路军参谋长。抗战胜利后，任晋冀鲁豫军区副司令员。中华人民共和国成立后，曾任铁道部部长、全国政协副主席。

“读毛主席的书，听毛主席的话”

——滕代远给儿子的信

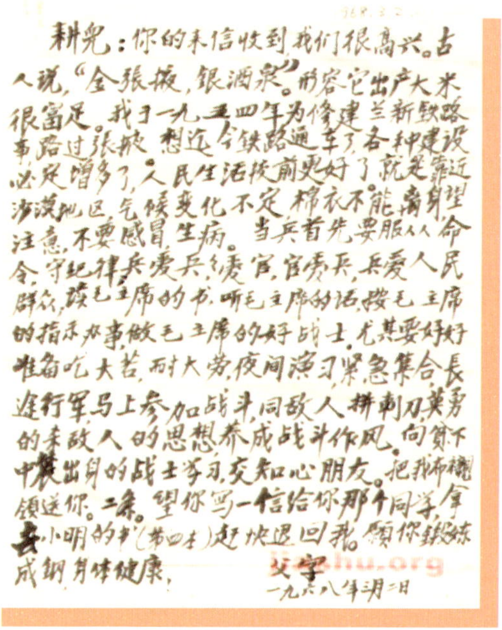

滕代远给儿子的信

耕儿：

你的来信收到，我们很高兴。古人说：“金张掖，银酒泉。”形容它出产大米很富足。我于一九五四年为修建兰新铁路事，路过张掖。想迄今铁路通车了，各种建设必定增多了，人民生活较前更好了。就是靠近沙漠地区，气候变化不定，棉衣不能离身，望注意，不要感冒生病。当兵首先要服从命令，守纪律，兵爱兵，兵爱官，官爱兵，兵爱人民群众，读毛主席的书，听毛主席的话，按毛主席的指示办事，做毛主席的好战士。尤其要好好准备吃大苦，耐大劳，夜间演习，紧急集合，长途行军，马上参加战斗，同敌人拼刺刀，英勇的杀敌人的思想，养成战斗作风。向贫下中农出身的战士学习，交知心朋友。把我布衬领送你。二条。望你写一信给你那个同学，拿去小明的书（第四本）赶快退回我。愿你锻炼成钢，身体健康！

父字

一九六八年三月二日

【延伸阅读】

转移安源

为了适应形势变化，滕代远和湘东特委机关决定转移到赣西的安源，继续进行更加艰难的斗争。在此以前，滕代远曾几次去安源活动，指导过那里的工作。

为了避开敌人，便于秘密活动，滕代远居住在安源市筲箕街矿工区的一所房子里，房子的大门上有一幅横匾写着“山青水秀”四个字。房前是一个小塘，房后是一处种有茶树的山丘，环境比较僻静，不易被敌人发现。有时为了进行活动，他也住在一个工人家里，这个工人，曾在长沙农民协会与滕代远共过事，比较可靠。他有时也到另一个老工人家中作短暂停留。这个老工人家庭人口少，只有一个五六岁的小女儿，不引人注意。滕代远就是这样时而在这里，时而到那里，隐蔽行藏，继续他艰苦的战斗。

在安源时，市委书记是袁德生。不久，湖南省委也从湘潭迁到安源。中央还派林仲丹（原名林育英，后改名为张浩，中央特派员）和贺昌（湖南省委常委）来到安源，在省委机关工作，那时省委副书记是一个叫廖保庭的安源工人，政治水平和文化水平都较低，实际上工作主要由林仲丹、贺昌负责，林仲丹来安源时，为了避开敌人的盘查搜捕，头上戴着瓜皮帽，身穿一件长衫，扮成商人模样。

林仲丹来后，滕代远即与林仲丹等一起配合行动。1928 年 5 月前后，他们共同组织五一国际劳动节的纪念会，进行宣传，鼓动工人群众。有时他们秘密召集会议，研究在白色恐怖下对敌斗争的方式方法，动员工人农民进行合法和巧妙的斗争。有一次，代远与贺昌一道到矿井后面的山上召开有工人农民参加的会议。滕代远代表农民、贺昌代表工人，在会上讲话，宣讲当时的形势和中共中央的指示，号召工农群众继续斗争，滕代远与这些领导人一起，经过多次公开的和秘密的活动，逐步恢复和发展了该地区的组织，加强了对安源煤矿、株萍铁路及各县城市工人和农民运动的领导。

安源是中国工人革命斗争策源地之一，也是中共中央、湖南省委与井冈山根据地联系的一个重要枢纽。滕代远在这里的另一个重要活动，就是支援井冈山的革命斗争。这也是党交给湘东特委的一项重要任务。全国解放后，滕代远在几次谈话中都曾回忆说：湘东特委的任务之一，就是输送干部上山，支援井冈山，那时毛泽东上了井冈山，中央和省委的人去井冈山都是经过湘东特委转移上去的，有时需要取道江西的莲花与山上联系。特委常常设法搞点枪，弄些药，缴些土豪的钱财，支援红军。特委还负责传送党的文件。中共中央送往井冈山的文件，一般都由安源派交通员到上海取回，然后再派人经莲花县境送到井冈山。那时毛泽东和朱德的部队刚在井冈山会师，红四军发展到一万多人，他们要求安源党组织动员工人上山，补充红军的下级干部，滕代远、湘东特委根据这一要求，曾组织了几批铁路和煤矿工人上井冈山参加红军，这对于红四军的发展，井冈山根据地的建立，都起了积极作用。特委的另一项任务是组织工人、农民打入国民党军队，在打仗时瓦解敌军，把他们的队伍打乱，带走一些士兵和枪支。有一次，驻在安源的敌军要招挑夫，便组织一些工人、党员给他们当挑夫，挑着银元和军火，乘机运走。

为了总结前一段工作和确定下一步的行动，1928年5月下旬，滕代远与林仲丹、廖保庭、贺昌一起在安源召开了湘东特委会议，作出了关于醴陵暴动的决议和湘东工作的决议案。6月7日，滕代远又出席湖南省委与湘东特委召开的联席会议，通过了《湘东最近工作决议案》。这些会议对湘东特委的工作进行了分析和评价，认为醴陵暴动、建立苏维埃和实行土地革命，在湖南省工农革命斗争史上有着深远的历史意义。后来潘心源在给党中央的报告上写道："……时醴陵之赤色高潮遂震动全省……湖南省苏维埃之组织，实由醴陵开始。"在《湘东最近决议案》中还分析了在发动醴陵暴动时党在策略上有失误。"……暴动的条件没有具备，带有很多的浓厚的盲动主义倾向……"决议还检查说："湘东工作受挫，特委在指挥上应负重大的责任。"后来，滕代远在回忆湘东工作时，虽然对当时取得的成就不无欣慰，但对缺点和问题的产生，也认为与他个人当时的思想水平还不高和斗争经验还不足是有关系的。滕代远和湖南省委、湘东特委其他同志在会上还认为，湘东的工农暴动，虽然受到暂时的摧残，但群众的革命情绪仍然高涨，农民的愤慨与仇视情绪较前更甚，革命浪潮仍然在继续高涨，湘东的前途仍然是走向暴动的很好局面。同时认为湘东在湘、鄂、赣三省的地位与暴动发展的形势下以赣西、湘南以及平江为中心的平江、铜鼓、修水各县的赤色区域都有极密切的关系。因此，他们决定要继续进行工作，成立湘东红军总队，实行游击战争，加强工农运动，做好敌军的士兵工作，准备再次暴动。

在湘东特委会议上，重新改组了特委。滕代远、潘心源、蒋长卿等为特委常委，滕代远仍任书记。湘东特委所辖的范围，这时也有了扩大，特委管辖浏阳、醴陵、株洲、安源、萍乡、攸县、莲花七个县、市，同时还成立了共青团湘东区委。

这时，中共中央为了实现湘、鄂、赣、粤四省暴动，打通湘粤大道，发出了指示，5月26日和27日，林仲丹、贺昌等人在安源八方井召开湖南省委、湘东特委及湘南、长沙等地党组织负责人的联席会议，传达中共中央指示的精神。6月24日，湖南省委根据中央的决议，决定“从平江沿赣边到湘南立即开始革命的进攻，组织全省暴动，以造成湘粤大道沿赣边的割据”。并向各特委、县委及四军军委发出指示，要求各地根据当前的革命形势，发起总暴动，造成“区域割据”的局面。省委还指出：“……驻防平江一带的独立第五师更无战斗力。这儿部分军队，都是数月没有发响，逃兵极多……在平江不应当沉溺于初期的游击战争，应当极快速地开始乡村城市的割据，极力纠正过去不坚决执行土地革命的错误，最少成立红军一团。平江暴动应积极向铜鼓、修水发展，与浏阳取得联系……”滕代远得知这些精神，意识到将有更大的革命风暴到来。

6月下旬，湖南省委派林仲丹、贺昌找滕代远谈话，说中共湘鄂赣边特委书记郭亮因苏先骏的叛变，已被国民党逮捕杀害，因而调任湘鄂边特委书记，接替郭亮的工作，湘东特委的工作移交给蒋长卿。湘鄂赣边特委管辖岳阳、临湘、崇阳、通城、通山、大冶、阳新、平江、修水、铜鼓、万载等县，特委机关设在岳阳城内。但是特委机关已破坏，只能先设法找到各县县委的关系，才能重新建立特委机关。他们还告诉滕代远，驻防在平江城的国民革命军独立第五师第一团团部有党的组织，党的负责人是团部的副官邓萍。团长彭德怀也是党员。如果情况需要，可以相机组织暴动。成立中国工农红军第五军以便与井冈山红四军相配合。这样，滕代远由领导几个县、市的湘东特委书记，一下子要承担领导地跨湘、鄂、赣三省的边界特委，并且要肩负起策动兵变的特殊任务。他深深地感到这是党对自己的信任和期望。尽管任务艰巨，困难重重，但对一个共产党员来说，只能迎着困难上，不能有半点犹豫退缩。他坚定地接受了这一新的任务，考虑着下一步的行动。

（摘自《滕代远传》，解放军出版社 1990 年版）

朱少连

（1887—1929）

朱少连（1887—1929），湖南衡阳人。1922年1月，参加安源工人夜校。同年2月加入中国共产党，历任安源路矿工人俱乐部副主任、安源大罢工副总指挥、路局主任、中共安源地委书记、中华全国总工会执行委员，株萍铁路总工会委员长等职。1922年10月至次年2月，领导株洲转运局工人罢工取得胜利。1922年11月，作为安源路矿工人俱乐部代表出席湖南省工团联合会第二届代表大会，当选为大会主席，并代表株萍铁路工人参加粤汉铁路总工会、全国铁路总工会筹建工作。1923年6月，代表中共安源党组织出席中共三大，被选为第三届中央执行委员，任中央驻湘委，并当选为中华全国总工会执行委员。1927年4月，代表中共安源地方支部赴武汉出席中共五大。1927年9月参加秋收起义。1929年1月，在萍乡牺牲。

朱少连烈士遗言

“革命是要死人的，我这次靠不住了。我两个孩子，请你照顾一下。”

“我并不是怕死，而是担心子贵、子金两个孩子以后生活不下去。你们今后不要离开组织，革命终究要流血的。”

“不要伤心，革命一定要胜利！”

注：朱少连在狱中表现情况，迄今未看到任何历史记载，唯有安源老工人胡华全亲自到狱中看望过他。安源老工人李会贤回忆：“我记得朱少连被捕后的第二天，胡华全花了一块光洋买通看守去看朱少连。看到他在班房里上了几十斤的铁铐子，陷到肉里面去了。朱少连见胡华全后，别的什么都没有说，只说‘革命是要死人的，我这次靠不住了。我两个孩子，请你照顾一下’。朱少连已经作了牺牲的准备。”安源老工人胡华全回忆：“在民国十七年底，我在牛角坡朱少连家里，见到朱少连的老婆谢清秀。我问：‘朱少连主任哪里去了？’谢说：‘朱少连与石作东一起，一到安源就被抓走，关到萍乡去了。’当时有工人苏金台在旁，我便向苏金台要了一块杂洋，第二天就到萍乡监狱，找到原在安源做工的现任监狱看守的姚贵生。我恳求姚想办法让我见见朱少连，后想了办法见面。朱一见我就流泪。我对朱说：‘你不要急，我们去想办法把你保出来。’朱说：‘我并不是怕死，而是担心子贵、子金两个孩子以后生活不下去。你们今后不要离开组织，革命终究要流血的。’我再安慰了朱一番，结果用那块杂洋买了几个包子和一根皮带给朱少连，我就回安源了。”曾在安源生长、后被誉为“中国的保尔”的吴运铎在《把一切献给党》一书中写道：“朱少连在就义前还给他岳母写信说：‘不要伤心，革命一定要胜利！’”

【延伸阅读】

正大光明之事业

1922年2月，经李立三介绍，朱少连光荣地加入了中国共产党。从此，他更加积极地投身于工人运动，用自己的革命实践，履行了一个共产党员的职责和义务。

1922年3月，李立三和朱少连等同志着手筹建安源路矿工人俱乐部。1922年5月1日，安源路矿工人俱乐部成立。朱少连因为对党忠诚，对革命事业负责，善于联系群众，工作出色，被选为俱乐部副主任。

1922年9月，在刘少奇、李立三的直接领导下，安源路矿工人举行了大罢工。朱少连积极协助刘少奇、李立三领导了这场罢工斗争。罢工前夕，俱乐部主任李立三因事离开安源，部内工作由朱少连主持。路矿当局为了阻挠罢工的实现，首先派机务处长徐海波以老同学的名义，用金钱对朱少连进行收买利诱，遭到严厉抵制。随后，路矿当局又施加恐吓，扬言要刺杀俱乐部负责人，妄图将朱少连逼出安源。面对敌人的阴谋诡计，朱少连毫不畏惧，坚定地回答："我朱少连秉正大光明之宗旨，做正大光明之事业，死也不怕！"

1922年9月初，毛泽东来到安源召开党组织会议，分析了形势，做出了罢工的决定，并指示安源党组织在罢工斗争中，要依靠工人的坚固团结和顽强斗争，号召共产党员站在斗争的前列，领导群众进行义无反顾的斗争。朱少连到会聆听了毛泽东的重要指示。此时，他对罢工斗争更加充满胜利的信心。

9 月 13 日深夜，朱少连开完部署罢工的俱乐部骨干会议后，急忙赶到路矿局车房，召集铁路工人开会。他站在高高的车头上，大声疾呼:“工友们！明天我们就要罢工了。我们要团结一致,不要怕！路矿两局要关也关不了那么多人，想杀也杀不了那么多人。我们有万余工友的力量，什么也不用怕！”工人们听了朱少连的这番话，个个摩拳擦掌，纷纷表示要与反动资本家决战到底。

1922 年 9 月 14 日凌晨，安源路矿工人大罢工爆发了。

铁骨铮铮

1927 年，马日事变以后，国民党许克祥的反动军队打到安源，朱少连和刘昌炎等组织工人自卫，先后击退了围攻的反动军队和地方反动武装，保卫了“小莫斯科”。九月，毛泽东亲临安源，部署秋收暴动，朱少连奉命在株洲组织武装，破坏铁路，阻击从长沙方向进犯的敌人。秋收暴动失败以后，敌人在安源开始大屠杀，朱少连的姨丈杨士杰等同志都遭到杀害，醴陵工会主任谢福生也被枪杀。朱少连挥泪掩埋了烈士的遗体，回到衡阳老家，暂避锋芒。1928 年 11 月，由于叛徒出卖，朱少连和石作东同志一起被骗到安源，当晚就被逮捕，关进萍乡的道台衙门。安源工人见朱少连被捕，立即分头活动，准备劫狱抢救。不幸的是，当他们正在奔走准备的时候，反动派抢在前面下手了。

28 日，天还未亮，蒙蒙细雨笼罩着大地，寒风吹得落尽了叶子的树枝摇摇摆摆。反动军队从监狱里押出了两个“共党要犯”，在萍乡的街道两边布满了持刀的卫兵。朱少连和石作东被推着艰难地走出牢房，沉重的脚镣随着他们迈出的步子发出了铿锵声响。他们全身是伤。朱少连白色的衣衫上现着一道道血痕，裤脚被撕开，脚踝骨都露在外面，每迈一步都和脚镣相碰，勒出血来。他紧咬牙关，黄豆大的汗球从额上滚下来。他的腰骨已经打伤了，直不起来，可是他却坚毅地挺直了腰。

在小西门离铁路不远处，住着几个铁路工人，听到敌人的吆喝，匆匆从茅屋里跑了出来，附近的居民也赶来了，他们看见被押的是工会的主任，自己的同志，都忍不住失声哭了。朱少连看见了工人，心里一阵酸痛，他用手臂抹去眼角的泪珠，对工人们说："不要哭，革命不流血是不能成功的，我死了，十八年后又是一条好汉！"

反动派不许他讲话，用鞭子抽打他，用破布塞住他的嘴，把他押走了。在小西门的一块空地上，响起了罪恶的枪声，子弹穿过他的头部和胸膛，他倒在了血泊中……

荒地里的一根木电杆上，还张贴着湖南省清乡督办署提拿朱少连的通缉令。朱少连牺牲了，通缉令被风雨撕落了下来。但是，朱少连崇高的革命形象，却在安源工人的心上永远树立起来了！

（摘自《红色安源》，江西人民出版社 1981 年版）

【相关作品】

《安源路矿工人俱乐部略史》

1923 年 8 月，刘少奇与朱少连合写了一本近两万字的《安源路矿工人俱乐部略史》，其中有如下的叙述：“……安源路矿工人过去的胜利，一面是靠着工友坚强的团结，得时的反抗，以及对自己的团体——俱乐部——之悦意的服从与热情的拥护；一面乃是由于路矿两局此前森森的黑幕与此时不智的应付。……我们今后不仅应为我们自己的团体，为我们万余苦朋友，努力奋斗，我们更应为我们全国乃至全世界的苦朋友努力奋斗！我们一面要去唤醒后营的伙伴，一面自己打起精神收拾器械预备开赴前线。时机何等紧迫，责任何等重大！”

黄静源

（1900—1925）

黄静源（1900—1925），字家足，湖南郴县人。早年就读于湖南衡阳第三师范学校。1919年6月，与蒋先云等一起组织成立湖南学生联合会，并参加由毛泽东发动和领导的湖南“驱张”运动。1921年冬，加入中国共产党，湖南三师学生支部成立，黄静源是最早的学生党员之一。1922年，参加湖南水口山矿工大罢工。1923年，组织和领导衡阳三师驱逐反动校长刘志远的运动，取得胜利。1923年9月，奉命到安源从事工人运动，任安源路矿工人俱乐部株洲办事处主任。1925年，当选为安源路矿工人俱乐部副主任、中共安源地委委员等职。同年五卅惨案发生后，组织安源工人声援上海人民反帝斗争。1925年，在九月惨案中被捕，受尽酷刑，坚强不屈，于10月16日被杀害于安源俱乐部广场前，时年25岁。

黄静源写给亚领[1]的信（摘录）

秉彝[2]已卸却他的责任了……但是，他的担子还没有真卸却，不过他现在不能挑了，他的担子，“可我们兼挑了”！

亚领！你哭秉彝吗？我想你一定止不住你从感情所流出来的热泪！其实一点不足悲，他已完成了他的志愿；我们只有努力奋斗，来安慰他的魂灵！……

注：①朱其华（1907—1945），本名朱雅林，字亚领，浙江海宁人。中共早期党员。童年时曾在印刷厂当学徒。1921 年加入中国共产党，1929 年脱党。抗日战争爆发后，在西安国民党中央军校七分校任少将政治总教官，1941 年被指控有通共嫌疑而被捕下狱，1945 年被害。

②何秉彝（1902－1925），字念慈，四川彭县人。1924 年积极参加中共领导的革命活动。同年 12 月被选为上海大学学生会执行委员。不久，任上海学生联合会秘书，共青团上海地委组织主任。1925 年加入中国共产党。同年 5 月 30 日，参加五卅示威游行，遭帝国主义巡捕镇压，中弹牺牲，时年 23 岁。黄静源于 1924 年末到上海，曾和朱其华、何秉彝见过一面，后常和朱其华通信联系。这是 1925 年五卅惨案后，黄静源写给朱其华的最后一封信的摘录。未料几个月后，黄静源也“卸却了他的担子”“完成了他的志愿”。

黄静源就义前的铿锵誓言

“我黄静源身为俱乐部的负责人，俱乐部为安源一万二千多名工人谋利造福，这是光明正大之事业，何谓乱党，哪里有违法？”

“办工会，是为了工人的利益。咱们工人阶级组织起来，反对帝国主义军阀和官僚资本的压迫，是应该的，是必要的。正因为工人兄弟被你们这般东西剥削得一无所有，所以，他们才穷，我黄静源是穷人的兄弟，今天脱了牢笼，明天又要去搞工人运动。就是你们把我杀了，也还有人要搞，你们阻止不了！”

“工友们！不要难过，不要流泪，革命总是要流血的；杀了一个黄静源，还有千万个黄静源。”

“打倒帝国主义！”“打倒军阀！”“恢复俱乐部！”“中国共产党万岁！”“工人阶级万岁！”

注：黄静源被捕后，镇守使李鸿程对他软硬兼施，妄图从他身上找出安源地区党组织的线索，将共产党一网打尽。他宁死不屈，巍然屹立，严词驳斥敌人对工人运动的诬蔑，最后被敌人杀害。

【延伸阅读】

我的外公黄静源烈士

外公黄静源，又名家祝，乳名古生，别号执谦，1900 年 6 月 13 日生于湖南省郴州（原郴县）良田镇二渡水的一户农家。外公 6 岁入私塾，后考入郴州天府中学（廖家湾乡黄家湾学校）。他读书用功，成绩优异，书法出众，笛子也吹得好。

1918 年春，外公初中尚未毕业，就考入湖南省立第三师范学校。不久，他结识了比他高一年级的同学蒋先云。这年秋，外公加入了蒋先云等发起组织的学友互助会。会员经常在第三师范前面的沙滩集会，一起抨击时政，议论革新。如果有人来了，他们就下河游泳或躺在沙滩上日光浴。久而久之，他们把这种集会称为“沙子会”。

1919 年夏，当五四运动的消息传到衡阳时，外公十分激动。他在教室挥笔疾书“坚决反对卖国的二十一条”“同胞协力，誓死争回青岛”“背城一战，力挽青岛”“头可断、血可流，青岛不可丢”等十张标语，落款都工工整整写上“黄静源”三字。他还刻印了罢课宣言、学联周报，并带领一队学生，到农村演出《哀台湾》等时事新剧，发表演说，痛斥日本帝国主义的侵略和军阀政府的卖国罪行。在开展爱国学生运动中，由于他表现出色，得到各校学生的支持和信任，并先后被选为湖南学生联合会的文牍干事、总干事。

1920 年 8 月，毛泽东等人在长沙创办文化书社后，外公和蒋先云、贺恕、屈子健等人立即在衡阳筹建文化书社书报贩卖部。他还联络郴州旅衡的进步学生，以“游学”等方法，分别到耒阳、郴县、常宁、桂阳、宜章、临武等县推销文化书社出售的《共产党宣言》《阶级斗争》《新青年》《湖南学生联合会周刊》等书刊，促进了新思潮在湖南各县的传播。

同年冬天，外公和蒋先云来到长沙，经毛泽东、何叔衡的介绍，他们俩加入了社会主义青年团。回到衡阳后，他又在国文教员恽代英、陈书农的指导下，于1921年春，和蒋先云一起组织了进步团体“心社”。他还热心参加社会活动，编辑《明星》《先锋》和《三师周刊》等刊物。就在这一年秋，当毛泽东在夏明翰的陪同下，来到衡阳了解青年运动情况时，外公和蒋先云等经毛泽东的介绍，加入了中国共产党，因此外公也是郴州第一个经毛主席介绍加入中国共产党的党员。

1923 年 4 月，湖南第三师范爆发了一次反压迫、求民主、驱逐反动校长的学潮。为发动这次学潮，外公起草了《湖南省立第三师范学校革新校务宣言》，控诉反动当局政治腐败、压制民主、克扣学生伙食、大批开除学生等罪行。他还与一些同学奔赴长沙，与省学联取得联系，通电全省中等以上学校于 6 月 1 日全体罢课一天，以声援第三师范学生的正义斗争。后来在舆论的压力下，省长赵恒惕不得不撤换三师校长，并答应被开除的 53 名学生分别复学或转到第一师范学校继续读书。

1924年春,外公被中共湘区委员会派去安源路矿从事工人运动,主办安源工人子弟学校第七校,并兼任俱乐部株洲办事处主任。

1925年初,外公当选为安源路矿工人俱乐部副主任,并主持安源工人子弟学校第七校工作。白天,他安排校务,组织教学,进行家庭访问,为工人子弟解决各种困难;晚上到俱乐部处理日常事务,或者到工人夜校讲课。他讲课时,常常先提些问题,让大家回答。然后结合实际讲清道理。他还为俱乐部写了《安源工人俱乐部之歌》的歌词,歌中唱道:"创造世界一切的,惟我劳工;被人侮辱压迫的,惟我劳工。世界兮,我们当创造;压迫兮,我们须解除;造世界兮,除压迫,团结我劳工。"

1924年7月以后,安源路矿当局拖欠工人的工资达3个月之久,年底又以亏本为借口,取消工人年终双薪。为此,1925年1月15日,安源路矿工人在中共安源地委和刘少奇的领导下,举行了第二次大罢工。他们发出罢工宣言,要求照发年终双薪,限期发清欠饷,并包围了矿局,把矿长、处长等人围困在总公事房里达两天两夜,迫使矿局请求安源镇守使李鸿程出面与俱乐部负责人进行谈判。黄静源决定由自己带两个工人前去,并对劝阻他的工友们说:"不要紧,咱们有理在手,怕什么!"

工人们不放心,他们在安源至萍乡的路上,每隔半里设个岗哨,如果镇守使对外公下毒手,岗哨将消息迅速传回来,他们就要把矿长处死,把矿井炸掉。

当外公带领两位工人走进了戒备森严的镇守使衙门。他神色自若，坐在大厅里，面对李鸿程大声责令立即停止罢工的威吓，冷冷地说："那就请李镇守使自己出马吧！"接着，他义正词严地指出，"安源万余工人，日夜辛苦地做工，所得工饷已经很少，按月发给，供养家眷还远远不够。可是，资方自去年7月以来，未发欠饷半文。工人痛苦，实不堪言。万余工众，饥寒交迫。工人愤激难抑，不奋起罢工，还有何法？"

李鸿程无言以对，只好派副使前往安源，要资方发给欠饷。这次罢工最终取得了胜利。

1925年五卅惨案以后，安源路矿工人俱乐部在外公等领导下，又掀起声势浩大的声援斗争，他们成立了"青沪惨案雪耻会"。后来又组织"湖南全省五七国耻纪念宣传大会"，与安源理发工会、缝纫工会及安源市民举行了数千人的游行示威。安源工人前两次罢工的胜利与这次五卅运动中所表现的激烈行动，引起了帝国主义、军阀和资本家的恐惧。8月，汉冶萍公司总经理盛恩颐在日本顾问的策动下，打着"携款清偿旧债，发清工人欠饷"的招牌，由上海来到萍乡，阴谋对安源路矿工人进行大规模的镇压和屠杀。

盛恩颐到安源后，接到江西军阀方本仁的密令，要盛恩颐"领派军队封闭俱乐部，拘拿首要，如敢抵抗，准予枪杀毋论"。盛恩颐随即秘密派出矿警，伙同镇守使署的军队突然戒严，封闭了安源路矿工人俱乐部。

9月21日凌晨2时许，外公在工人俱乐部与干部和积极分子刚开完会，电灯突然熄灭，狗叫声由远而近。他向窗外一望，发现全矿区的灯也全熄了，俱乐部周围晃动着黑影。一会儿，大门口传来“砰砰”的砸门声，俱乐部被敌人包围了。

他当机立断，要大家赶快从后面的水沟里撤出去，自己留下来应付一切事变。大家都不肯走，他恳切地对大家说：

“我不能走。在这样的时候，我更不能走。我是俱乐部的负责人，敌人没有抓到我，会更疯狂地屠杀工人，我不能让工人受更大的损失。留下来是我的责任，你们快走吧！”

当他看到大家谁也不愿意先离开，仍然执意地催自己走时，他只得紧握着同志们的手，沉着而激动地下达最后的命令：“同志们，现在是千钧一发的时候了，我以党组织和俱乐部负责人的身份，命令你们马上离开这里，快，从后面的水沟里撤出去。”

工人们一个个含泪离去。他掩盖了同志们走过的脚印，烧毁了秘密文件，然后大步向二楼平台走去，以转移敌人的视线。这时，凶恶的敌人已经砸开大门，冲了进来，外公被捕了。

住在餐宿处的四五千工人从睡梦中惊醒，听说外公被抓走，俱乐部被封闭，个个义愤填膺，振臂而起。他们从层层的武装包围中冲出来，喊着“保卫俱乐部”“抢救黄副主任”的口号，直奔俱乐部。凶恶的敌人对着赤手空拳的工人群众开枪扫射，当场打死打伤段志华、李福成等多人。正在井下工作的工人闻讯后，愤怒地举起岩尖、斧头、铁棒，冲出井口，与反动军警展开搏斗，并将二十几个监工和工头囚禁窿中，作为抵押，要求释放黄静源。

疯狂的敌人，架起机枪，对出井的工人进行扫射，几十位工人又倒在血泊之中……

外公被押到萍乡镇守使署，镇守使李鸿程对他软硬兼施，妄图从他身上找出安源地区党组织的线索，将共产党一网打尽。他宁死不屈，巍然屹立，严词驳斥敌人对工人运动的诬蔑。当他听到李鸿程说他“组织乱党”时，立即驳斥道：“我黄静源身为俱乐部的负责人，俱乐部为安源12000多名工人谋利造福，这是光明正大之事业，何谓乱党，哪里有违法？”

李鸿程说：“你们办工会，挂赤色俄国列宁的像，不是组织乱党活动是什么？只要你今后不再跟工人一起捣乱，我就可以立即放你。”

他理直气壮地回答说：“办工会，是为了工人的利益。咱们工人阶级组织起来，反对帝国主义、军阀和官僚资本家的压迫，是应该的，是必要的。正因为工人兄弟被你们这般东西剥削得一无所有，所以他们才穷。我黄静源是穷人的兄弟，今天脱了牢笼，明天又要去搞工人运动。就是你们把我杀了，也还有人要搞，你们阻止不了！”

经过20余天对我外公的严刑拷打，反动当局仍然一无所得，便以“传播赤化，扰害治安”的罪名对他下毒手了。10月16日下午，外公被反动军警从萍乡押到安源山下路矿工人俱乐部门前大操坪，沿路群众见他满身是血，无不悲愤流泪，纷纷涌到俱乐部的操坪周围。外公站在大操坪中一个土堆高处，环视四周的工人兄弟和父老乡亲，用铿锵有力的声音说：“工友们！不要难过，不要流泪，革命总是要流血的。杀了一个黄静源，还有千万个黄静源！”接着，他面向刽子手的枪口，大声质问监斩官：“我犯何罪？”监斩官用枪指着黄静源吼叫：“死到临头，你还搞赤色宣传，你还要喊打倒帝国主义吗？”

外公大声高呼：“打倒帝国主义！”“打倒军阀！”“恢复俱乐部！”“中国共产党万岁！”“工人阶级万岁！”

刽子手们从未见过像他这样镇定自若、气吞山河的“犯人”，也十分害怕越来越激发周围工人群众的愤怒情绪，于是在一片慌乱中急忙开枪。第一枪没有打中，外公的口号越喊越响亮，监斩官下令放排枪，外公才饮弹倒地，壮烈牺牲，时年 25 岁。

外公牺牲后，敌人将他的遗体钉挂在墙壁上，扬言要暴尸三天，不准收殓安葬。但工人们不顾敌人的威吓，当天夜里就用“鬼叫”等巧妙方法，冒死将烈士的遗体抢了出来，用大衣裹着，用竹轿子连夜抬行了 80 多里，到达醴陵八里坳时，才用棺木正式殡殓，并为烈士遗体照了相。

烈士的灵柩运到醴陵车站，醴陵县各界人士不约而同地前来向烈士致哀。长沙各进步团体派出代表组织迎柩团，于 10 月 19 日偕同烈士的亲属，前往醴陵迎接灵柩。由醴陵至株洲沿途各站的群众，都鸣锣放炮，向烈士致敬。当灵车到达株洲时，各界群众 1000 多人等候在车站迎接，并备牲礼祭奠。灵柩运到长沙时，到车站去迎接的工、农、学各界及市民有两万多人。中共湖南区委领导人李维汉等带领 1000 多名革命群众参加抬棺游行。26 日，长沙各界群众数千人，在省总工会委员长郭亮率领下，在教育会坪召开了追悼黄静源烈士的大会。会后，各界群众再次举行盛大的追悼示威游行。1926年12月，中共湖南区执行委员会为湖南人民公葬黄静源等四烈士发布了追悼宣言。湖南全省第一次工农代表大会决议，将外公葬于岳麓山。可惜现在到长沙岳麓山没有找到外公的墓碑，只有江西萍乡安源纪念馆路矿工人俱乐部旁屹立着一座简朴的纪念碑——黄静源烈士殉难处纪念碑。绿树红花掩映下的座碑，镌刻着烈士悲壮的慷慨大义，传颂着志士对党的坚贞忠诚。

湖南郴州市北湖区财政局　黄余宝

2011年5月30日

涂正楚

（1900—1928）

涂正楚（1900—1928），原名涂正初，湖南长沙人，出生于一贫苦农家，3岁随全家迁往安源煤矿。12岁辍学到煤矿机修厂当学徒。学徒期满后到长沙考入湖南兵工厂当机械工。1922年5月，安源路矿工人俱乐部成立后，积极参加俱乐部的活动，在工人补习学校努力学习。9月，参加了安源工人大罢工，成为罢工斗争的骨干。12月，被派往萍乡上埠开展工人运动，帮助成立陶业工人俱乐部。1923年，加入中国共产党，任机械修理厂党支部书记。1927年10月，到长沙，任中共湖南省委委员兼长沙市委书记。1928年1月6日，省委在他家开会研究暴动时，与省委书记王一飞被敌人逮捕。历经10天的严刑拷打，始终坚贞不屈。同年1月16日，英勇就义，年仅28岁。

涂正楚狱中遗言

革命要胜利，就是要死人，这有什么哭的呢？

注：1928 年 1 月 6 日上午，王一飞、涂正楚等省、市党的负责人在涂正楚家的楼上开会被捕。开始，敌人并不知道他们的真实姓名和职务。由于叛徒出卖，敌人知晓真情，对涂正楚进行软硬兼施的审讯，但他志如钢铁，坚不吐实。他对携儿抱女前来探监、泣不成声的妻子说了这几句遗言。16 日，涂正楚被敌人杀害于长沙教育会坪。同时英勇就义的还有省委书记王一飞和省委秘书长李子骥。

【延伸阅读】

灰日暴动

1927年5月长沙马日事变后，为了反击敌人，中共湖南临时省委以省总工会和省农协的名义，下令各地工农武装在5月31日合攻长沙。涂正楚和刘昌炎、朱少连等积极响应，立即带领安源矿警队和工人纠察队近2000人，连夜赶到醴陵，同2万多醴陵农军会合，在“打倒许克祥，回家过端阳”的口号声中，浩浩荡荡奔赴株洲。30日，担负前锋任务的安源工人武装在涂正楚等人指挥下，于长沙附近的易家湾与敌人展开了激烈的战斗。后因传来上级党组织关于停止进攻长沙的命令，涂正楚等人率部撤出战斗，返回安源。

1927年，党的八七会议后，毛泽东回湖南领导湘赣边界秋收起义。8月31日晚，毛泽东来到株洲，召集会议，部署株洲暴动。株洲区委书记陈永清请求毛泽东派一名懂军事的同志来指导暴动。过了几天，涂正楚奉命来到株洲，任区委军事委员。区委根据上级指示，决定9月10日（农历中秋节）在株洲发起暴动，攻打团防局。涂正楚协助暴动总指挥朱少连制定好行动方案后，即去株洲近郊的八迭乡组织工农武装，后因故暴动改在12日深夜举行。在朱少连的指挥下，涂正楚亲自率领一支工农武装，配合其他两路友军，勇猛地冲向团防局。刚一接火，团防局40多人即慌忙逃命，起义队伍一举缴获步枪12支,很快控制了株洲全镇。涂正楚率部与朱少连、陈永清等人在株洲车站汇合，举行庆祝大会。次日晨，敌人纠集兵力疯狂反扑，因敌众我寡，起义队伍被迫撤出株洲城。

1927年10月，涂正楚调任湖南省委委员兼长沙市委书记，继秋收暴动后在两湖的武汉、长沙等地，举行以工人为主力的城市大暴动，夺取政权。12月初，王一飞、涂正楚等省、市党的负责人在涂正楚家里召开会议，分析敌我斗争形势，决定于12月10日（即灰日）在长沙举行暴动,并作出了具体部署。起义队伍分为三路——中路攻打省政府的一些主要机关和监狱，南路捣毁南门的湖南电灯公司，北路由涂正楚负责捣毁北门的光华电灯公司。省委书记王一飞亲自指挥攻打反动的省军事厅。考虑到仅有少量枪支和几百枚土制手榴弹，特要求各级工会广泛动员工会会员和工人群众参战，对郊区和长沙县的农协也作了相应的部署。

10日上午，涂正楚来到党的秘密活动点——北门的德湘亭茶社（现工人文化宫处），召开市内各级党、团组织和工会负责人会议，检查暴动的准备工作，确定当晚8时在全市统一行动。

在凛冽的寒风中，北路的起义队伍按时到达了指定位置，其中有长沙第一纱厂和新河火车站及附近一带工厂的200多名工人，还有许多学生和农协会员。大家同仇敌忾，斗志昂扬。8时正，在北门指挥暴动的涂正楚一声令下，起义队伍奋勇地冲向第一个攻击目标——光华电灯公司。击毙门卫，直扑发电车间，捣毁了发电机。顿时，北区一片漆黑，枪声四起。接着，又攻下了新河警察署，占领了新河车站。北路起义队伍越战越勇，许多饱受压迫的民众也纷纷前来参战助威。枪声杀声爆炸声响成一片，烈火腾空而起，照红了城北上空。

可是，南路起义队伍出师受挫，负责捣毁湖南电灯公司的同志，因被敌发觉，未能按时完成任务。全城南明北暗，南北未能配合。驻城守敌则集中兵力扑向北门，全城戒严，断截交通。由于情况突变，攻打省政府的中路起义队伍也未能按原计划行动。北路起义队伍陷入孤立。最后涂正楚只得下令撤出战斗。

“灰日暴动”失败后，长沙城内的大街小巷，到处可见荷枪实弹的军警捕杀共产党人和革命群众，白色恐怖更加严重。但是，涂正楚并没有被敌人的残酷屠杀所吓倒。他更加坚定、机智地带领同志们顽强地与敌斗争。一天深夜，十分劳累的涂正楚摆脱了敌探的跟踪，来到堂妹涂凯初家。涂凯初十分关切地对涂正楚说：“二哥，外面风声这么紧，你还是避开一下为好。”涂正楚激昂地答道：“这个时候，我怎能离开自己的岗位！我现在想的不是后退，而是前进。”

1928 年 1 月 6 日上午，王一飞、涂正楚等省、市党的负责人，又在涂正楚家的楼上开会，根据党中央指示精神，总结“灰日暴动”的教训，决定举行农历年头暴动。会议结束后，王一飞留下和涂正楚等人继续研究工作。快正午时分，不料一群国民党军警向“五栋公馆”涂正楚家扑来。涂正楚听到妻子在大门口发出的报警信号，立即招呼大家下楼转移。但敌人已将五栋公馆层层包围，王一飞、涂正楚和妹妹涂志新等人被捕。

涂正楚和王一飞被捕后，关押在司门口警察署。开始，敌人并不知道他们的真实姓名和职务。由于叛徒出卖，供出真情。敌人欣喜若狂，对涂正楚进行软硬兼施的审讯，但他志如钢铁，坚决不吐实。他对携儿抱女前来探监、泣不成声的妻子说："革命要胜利，就是要死人，这有什么哭的呢？"16日，涂正楚被敌人杀害于长沙教育会坪。同时英勇就义的还有省委书记王一飞和省委秘书长李子骥。

涂正楚壮烈牺牲时，年仅28岁。烈士遗体安葬在长沙市城北四十九标（现东风广场附近）。1928年，党中央机关刊物《布尔什维克》登载了涂正楚事略，中共六大代表名录还为他写了生平简介，赞扬他是"安源万余工人的首领之一""群众暴动的首领"。

（摘自《萍乡英烈谱》，江西人民出版社2010年版）

肖劲光

（1903—1989）

肖劲光（1903—1989），湖南长沙人。1920年，加入中国社会主义青年团。1921年，赴苏联学习。1922年，转入中国共产党。1924年，来到安源，担任中共安源地委党校教员、俱乐部游艺股股长等职。1925年，“五卅”惨案后，代表安源路矿工人俱乐部携款800元，赴上海援助遇难工人，9月离开安源。1926年，随北伐军来到安源。曾任红十二军参谋长、第五军团政治委员。1934年，参加长征。1935年1月，任红三军团参谋长。1948年5月，兼任东北野战军第一兵团司令员。1949年，任第四野战军第十二兵团司令员兼政治委员、湖南军区司令员。中华人民共和国成立后，任中国人民解放军海军司令员、国防部副部长。1955年，被授予大将军衔。1979年，当选为第五届全国人大常委会副委员长。

肖劲光告诫子女的话

要相信党、相信真理。对一个人来说，在生命的长河中受点委屈挫折，是在所难免的，只要从中汲取教训。我只告诉你们，没有党就没有我肖劲光；一个人离开了党，将一事无成。

注：记者采访肖劲光大将的子女，对话如下：

记者：可以说，在您的父亲担任海军司令员的几十年时间里，并不风平浪静。

肖凯：(很自豪）爸爸是第一任海军司令员，在这个位置上工作了 30 年，俄罗斯有个司令干了 28 年，爸爸比他还要长，在海军司令员这个位置上，爸爸是全世界任职最长的。当然这和毛泽东的信任和支持离不开。毛主席曾说，肖劲光在，海军司令员不易人，肖劲光是终身海军司令员！

记者：对于过去的历史，肖司令员跟儿女说过什么没有？

肖凯：当我们问及他对革命事业的贡献时，他总是讲毛主席的英明伟大，刘少奇的机智勇敢，周恩来的谦虚谨慎，朱德的忠诚正派……讲革命的艰苦卓绝，讲胜利来之不易，讲打江山难，守江山更难……唯独不讲他自己。当我们问及他过去的坎坷遭遇时，爸爸总是说："你们不要老是对这些感兴趣，要相信党、相信真理。对一个人来说，在生命的长河中受点委屈挫折，是在所难免的，只要从中汲取教训。我只告诉你们，没有党就没有我肖劲光；一个人离开了党，将一事无成。"

【延伸阅读】

关于安源工人俱乐部的回忆

肖劲光

在中国共产党的领导下，工农运动正蓬勃兴起，特别是以安源为中心的工人运动，开展得十分红火。不久，湖南省委的负责人何叔衡同志找我谈话，经他介绍我来到了安源路矿工会工作。和我一起回国的胡士廉、任岳，也先后来到安源从事工人运动。

我到安源的时候，大约是1924年的秋末或初冬。我和毛泽民、任岳同志一起住在消费合作社的楼上，下边是卖货物的地方，上边还办了一个小学校，有些小孩子在这里读书。毛泽民同志是消费合作社的主任，胡士廉是工人俱乐部的组织股长，我是游艺股长，黄静源、宁迪卿是工会负责人（宁迪卿，后来叛变了）。安源还有党的地委组织。我记得地委是1925年成立的，地委书记还是从苏联回国的汪泽楷，任岳是组织部长，我也在地委工作过。地委不但管安源，还管醴陵、萍乡一大块地区的工作，既领导工人运动，也领导农民运动。之后，汪泽楷调走了，地委也取消了。

我在安源工作的这一年，主要是做宣传工作，工作的对象主要是青年工人。我们经常把青年工人组织在俱乐部中，通过唱歌、演戏、学文化，搞各种文娱活动，向他们灌输革命思想，将青年工人团结在党的周围，成为工人运动的骨干力量。那时安源工人俱乐部大厦刚刚落成，我们每个星期都在这里组织文娱晚会、演戏。那时演戏没有什么剧本，都是自编自演的。我编过，黄静源同志也编过，内容都是反对资本家压迫工人，打倒帝国主义、打倒军阀的。演员大都是青年工人，少奇同志、汪泽楷、任岳、胡士廉也都上台演过。看戏的人很多，除了工人以外，周围的农民都来看戏，人很多，宣传效果最好。那时候党的方针是工人农民联合起来，实行工农联盟，才能巩固工会，才能打倒资本家、地主、军阀、帝国主义。所以，除了在工人中间做工作以外，我们每个星期还下乡一次，向农民做宣传。我带着一些青年骨干到萍乡、醴陵周围的一些农村去演讲、化妆演戏，宣传工农联盟的思想。在安源，我还组织了足球队，教青年工人踢足球。每到五一，我们就组织工人进行示威游行，走到矿务局附近，就喊“打倒资本家”“反对压迫工人”等口号。那时矿物局虽然有矿警，却也不敢拿我们怎么样。因为安源大罢工胜利以后，工会有相当的威信，工农组织起来，拧成一股绳，力量是很大的。在安源这段时间虽然不长，可是与工人们生活在一起，朝夕相处，患难与共，使我亲眼看到军阀资本家的残酷剥削和压迫，深深体验到煤矿工人的悲惨生活。在斗争中，工人阶级团结一致的高度组织性和坚定不移的革命彻底性，无时不在教育着我们这些初次参加革命实践的青年人。

我们在安源工人俱乐部工作的同志，按照巴黎公社的组织原则，每月工资不超过工人中的中等水平工资，也就只有五块钱，交了饭费以后，所剩无几了。那时我们都很明确，就是真正为工人阶级的解放而工作，谁也没有讲究生活待遇的想法。

1925 年，上海发生了震惊中外的五卅惨案，全国各地的工人阶级奋起声援。安源工人俱乐部领导所属一万三千工人，开展了颇有声势的罢工、游行等声援活动。工人俱乐部还发起了捐献活动,6 月，安源党组织派我作为代表，携带八万元[①]捐款和慰问信，去上海慰问罢工工人。我找到上海总工会，将款和慰问信交给了他们，受到了热情的欢迎。我从上海回到安源的时候已经快七月份了。

安源的工人运动一直是属于湖南省委直接领导的。安源的干部调动，也是归湖南省委的。我从上海回到安源后不久，就接到省委通知调去广东工作，和我同行的是毛泽民同志。我离开安源后一两个月，安源工人俱乐部就被军阀破坏了。这说明我们的党还处于幼年时期，我们党的许多同志还不够成熟，还没有将革命的理论和实践结合起来，掌握中国革命的规律，还处于一个探索的过程。我们的党正是在这些血的代价中，不断总结经验，逐步走向成熟的。

1986 年 8 月

（摘自《安源路矿工人运动》，中共党史资料出版社 1991 年版）

注：①报刊记载为 800 块银元。

杨得志

（1911—1994）

杨得志（1911—1994），湖南醴陵人。1925 年，来到安源煤矿当矿工。1928 年 1 月，参加湘南起义并加入中国工农革命军，同年加入中国共产党。参加了井冈山斗争和中央苏区第一至五次反“围剿”及长征。抗日战争时期，任八路军一一五师三四三旅六八五团团长、冀鲁豫军区司令员等职。新中国成立后，任第十九兵团司令员兼陕西军区司令员，中国人民志愿军第十九兵团司令员，志愿军副司令员、司令员，济南军区司令员，武汉军区司令员，昆明军区司令员，国防部副部长，中国人民解放军总参谋长，中共中央军委副秘书长，中央军事委员会委员。1955 年，被授予上将军衔。

杨得志对儿女们的教诲

你们既然已经都在军队了，就不要再有别的想法，继续为军队服务下去。

注：杨得志之子杨建华在《像革命前辈那样坚定信仰》一文中回忆说，记得1984年，改革开放大潮冲击着每一个人，不少战友脱下军装跳入经商的“大海”，“经理”“老总”成为令人羡慕的称呼。这时，父亲把我们几个子女叫到一起，很认真地对我们说：“中国这么大，总要有人干军队。你们既然已经都在军队了，就不要再有别的想法，继续为军队服务下去。除非组织上让你们转业，个人不允许提这个要求。”这充分反映出杨得志对人民军队发自内心的深情和永远不变的信赖。

【延伸阅读】

叮嘱子女刚强正直、不忘本

开国上将杨得志一生戎马，纵横驰骋，从一名普通红军战士，成长为中国人民解放军总参谋长。将军一生正直、无私、简朴的优良作风，深深地影响着他的孩子们。

“穿军装”不易，“脱军装”亦难

这是一个军人之家——杨得志和夫人是军人，6 个子女也都参了军，6 个女婿儿媳也是军人，杨家一共 14 名军人。

“我们国家这么大，总要有人保卫国家。你们既然都参了军，就不要再想经商了。”时值我国改革开放不久，社会兴起一股“下海”潮，不少人脱掉军装去经商。杨得志将军把几个子女召集到一起，要他们放弃“弃军从商”的想法。几个子女听从父亲的教导，都坚持在军队各自的工作岗位上，继续保家卫国。

然而，杨家的子女后来又遇到了“脱军装”的考验。1985 年，我军裁军百万，时任解放军总参谋长的杨得志正主持全军精简整编工作。当时，他的三女儿杨秋华在总参管理局招待处工作，这个单位属于集体转业的范围。

“整编到自己女儿头上就不脱军装，影响会很不好。”老将军一直以来对家属要求严格，从不搞特殊化。尽管杨秋华心里很矛盾，对这身军装的感情也割舍不下，最后还是离开了部队。后来杨秋华在回忆这个事情时说："当年18勇士面对滔滔大渡河水，红军命运与个人生命，二者选其一，只能以大局为重。谁叫咱是红一团的后人呢！"

为儿子题字：刚强正直

经过战争年代，老将军共有六个子女，杨建华是唯一的男孩，排行第五，和父亲共同生活了41年。父亲是杨建华心中的偶像，记忆中，父亲从小就对他们进行革命传统教育。

"父亲对我们的影响是在日常生活中点滴渗透形成的。他讲的每一句话，我们这些孩子都愿意听，或者说不敢不听。"他说。

1970年，杨得志带杨建华重回井冈山，到自己入党的黄坳村讲入党宣誓的过程，对杨建华进行"现场教学"。他和孩子们说长征路上的苦难，讲长征中毛主席来看望他们红一团的故事。

"父亲对我们一生的影响非常深刻。我参军后，他多次鼓励我要坚持在军队里锻炼成长，为我题写了四个大字：刚强正直！我一直珍藏着。这是父亲对我的期望，我一生都要沿着父亲的足迹走到底。"杨建华履行诺言，在军队工作直至退休。

饭碗里从来不留下一粒饭

一件件打满补丁的衣服，修了又修的皮鞋，书桌、衣柜除了面板是木质之外后面侧面都由纸浆板钉成。这是杨得志故居管理人员在老将军儿子处整理老将军的遗物时看到的，谁能想象得到这些就是管理着几百万军队的中国人民解放军总参谋长的生活用品呢！

"现在过上好日子了，但不要忘了本。"老将军总是这样告诉孩子们。老将军有着湖南人特有的爱好——吃辣椒。有时候家乡老乡

1974 年春节杨得志全家于武汉留影

给他送点剁辣椒，饭后碗里留片剁辣椒他都会用点菜汤涮下来吃掉，他也是这样要求着六个子女。

“我们的饭桌上、饭碗里从来不会留下一粒饭，没有吃完的菜也会要留着下餐热着再吃……”杨得志将军的夫人说。有时候掉了粒花生米到桌子底下，将军都会停下筷子，让孩子们去找，看到孩子们找到，他才满意地继续吃饭。这些言传身教让孩子们养成了节俭的习惯。就是到了晚年，他的这个习惯还一直保留着。

杨得志将军时常告诫孩子们，任何时候都不能忘记战争年代牺牲的先烈。他有两句诗是这样写的："若问来路英雄人，无名更比有名多。"出身铁匠家庭的杨得志虽已故去，但他正直、无私、简朴的家风将深深影响着他的后人及世人。

（摘自《家风·传承》）

凯　丰

（1906—1955）

凯丰（1906—1955），原名何克全，江西萍乡湘东人。1925 年，考入武昌高等师范学校。1927 年 12 月，赴苏联莫斯科中山大学学习。1930 年，回国加入中国共产党。1933 年，任共青团中央书记。1934 年 1 月，中共六届五中全会上增补为中央委员和中央政治局候补委员，1934 年 10 月，担任中央军委总供给部政委，并作为红九军团的中央代表随军参加长征。1937 年 2 月，任中共中央宣传部部长，同年增补为中央政治局委员。1939 年 1 月，任中共中央南方局常委兼宣传部长。1940 年 11 月，任中共中央宣传部代理部长。1945 年 10 月，调任中共中央东北局委员兼宣传部部长。中华人民共和国成立后，任中共中央东北局常委、沈阳市委书记，中共中央宣传部副部长，中央马列学院（今中共中央党校）院长。

“如果党的干部都为自己家人安排工作，那还怎么为人民服务”

——凯丰写给二女儿淑英的家书

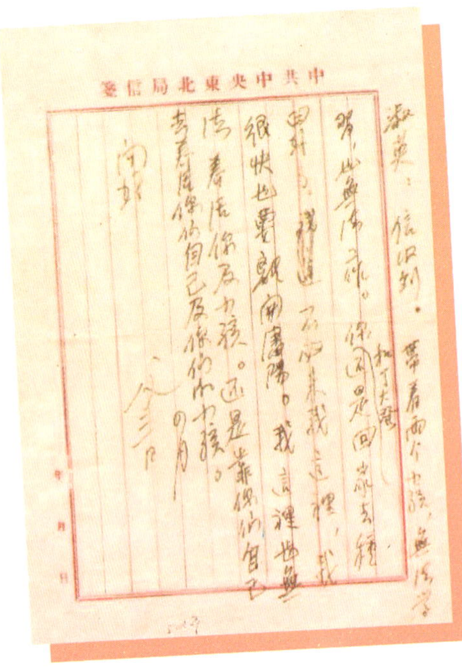
中共中央東北局信箋

淑英：信收到。帶着兩個小孩，無法學習，也無法工作。你和丁大發還是回家去種田好了。不必來我這裡，我很快也要離開瀋陽。我這裡也無法養活你及孩子。還是靠你們自己去養活你們自己及你們的小孩。

問好。

父 四月三日

凯丰写给二女儿的家书

淑英：

信收到。带着两个小孩，无法学习，也无法工作。你和丁大发还是回家去种田好了。不必来我这里，我很快也要离开沈阳。我这里也无法养活你及孩子。还是靠你们自己去养活你们自己及你们的小孩。

问好。

父

四月三日

“时时注意廉洁奉公守法”

——凯丰写给二女儿淑英的回信

淑英、大发：

　　信均收到，因事未复。生孩子后身体好吧？在工作中仍应继续学习，提高政治文化。在省合作社工作很好，应当时时注意廉洁奉公守法。我身体很好，勿念！

　　祝好。

父

三月十六日

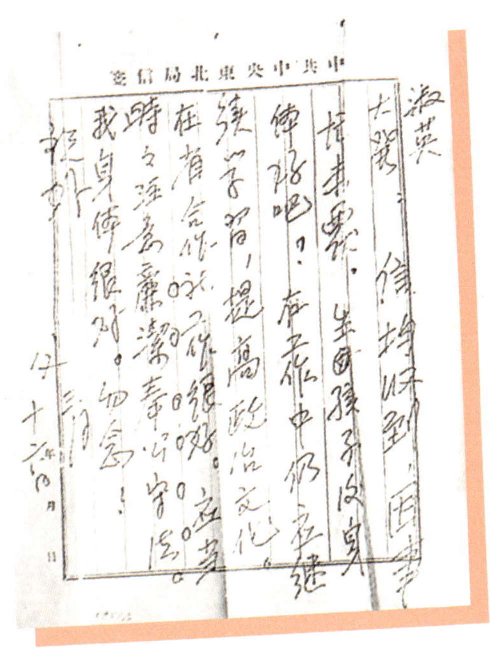

中共中央東北局信箋

淑英、大发：

信均收到，因事未复。生孩子后身体好吧？在工作中仍应继续学习，提高政治文化。在省合作社工作很好，应当时时注意廉洁奉公守法。我身体很好，勿念！

祝好

父

三月十六日

凯丰写给二女儿的家书

注：凯丰自1927年参加革命后，一直没有回过家乡。他时刻牢记共产党员的宗旨，廉洁奉公。1951年3月，凯丰得知二女儿淑英成家并参加了工作，就写信勉励女儿、女婿，“在工作中仍应继续学习，提高政治文化”。告诫他们“应当时时注意廉洁奉公守法”，并在“廉洁奉公守法”几个字下加了着重号，这充分显示了一位革命家的精神风范。

【延伸阅读】

我们党杰出的理论宣传家

凯丰同志是一位忠诚的马克思主义者和共产主义战士，一生先后主要从事共青团工作和理论宣传工作，是我们党杰出的理论宣传家。他把毕生精力献给了中国人民的解放事业和社会主义建设事业，为党和人民做出了重要贡献。

凯丰同志为党的建设做了大量工作。长征途中，他立场坚定、旗帜鲜明地反对张国焘的分裂活动。1937 年 2 月起草了《党中央与国焘路线分歧在哪里》的材料，随后在 3 月中央政治局扩大会议上发言，揭露和批评了张国焘的错误，还参与起草了《中央政治局关于张国焘同志错误之决定》等文件，后来又参与对张国焘的帮助和挽救工作。在长江局和南方局工作期间，他配合周恩来等同志，领导南方地区党的工作，发展党的组织，培训党的骨干，广泛团结爱国民主党派和人士，推动抗日民族统一战线的巩固和发展。在延安整风中，凯丰同志积极参与对整风运动的领导。1942 年 2 月 8 日，中央宣传部召集延安干部会议，凯丰同志主持，毛泽东同志在会上作了题为《反对党八股》的著名报告。随后，凯丰同志提出中央宣传部目前以反对主观主义、宗派主义、党八股为中心，这一建议得到中央政治局会议的批准。此后，中央宣传部相继颁发一系列关于整风学习的文件。同年6月，中央成立总学习委员会，毛泽东同志为主任，凯丰同志是委员之一，并担任宣传系统和延安各学校整风学习委员会的负责人。还被指定负总责组织陆定一、胡乔木等人解答各方面提出的问题。

凯丰同志长期战斗在党的宣传理论战线上，曾担任党中央宣传部门的主要负责人，对党的理论宣传工作做出了重要贡献。大革命和土地革命战争时期，他就在报刊上发表了许多文章，宣传革命，阐述党的主张。长征途中，他受命组织中央宣传委员会，负责审查有关民族问题的宣传材料。抗战时期，他编写了《抗日民族统一战线教程》等著作，在《新华日报》等报刊上发表大量文章，系统宣传党的抗日民族统一战线政策，并分析国内外形势，增强人们对于抗战的信心。他直接负责的《新华日报》和《群众》等报刊，起到了抗战号角和人民喉舌的作用，推动了国统区抗日救亡运动的开展。他还协助周恩来等同志，向国际社会宣传中国共产党的业绩和主张。他撰写过《什么是列宁主义》《马克思与中国》等文章，大力宣传马克思列宁主义。1942年9月，根据毛泽东同志的指示，凯丰同志负责筹组中央编译局，翻译了一批马列著作，适应了全党学习马克思主义理论的需要。在解放战争时期，他领导创办的《东北日报》，有效地沟通了党与人民群众的联系，鼓舞了解放区人民的斗志，配合和指导了军事、政治等各条战线的斗争。新中国建立初期，他参与组织《为动员一切力量把我国建设成为一个伟大的社会主义国家而斗争——关于党在过渡时期总路线的学习和宣传提纲》这一重要

1938年2月，凯丰出席在延安召开的中共中央政治局会议。图为出席会议的全体人员合影。左起：张闻天、康生、周恩来、凯丰、王明、毛泽东、任弼时、张国焘

文件的起草和修改工作，为宣传党在过渡时期的总路线发挥了重要作用。在兼任马列学院院长期间，为党的干部教育做了不少工作。

凯丰同志还为党的文化教育工作作出了重要贡献。在中央革命根据地时，凯丰同志发动团的干部协助教育部门开展扫盲工作。1933年10月，在中央苏区文化教育大会上作报告，提出要吸收文化教育专家参与根据地文化教育建设。在延安，凯丰同志常到中国人民抗日军政大学讲课、作报告，受到学员欢迎。1937年初，他为抗大写下了深沉、激越、催人奋进的《抗日军政大学校歌》："黄河之滨，集合着一群中华民族优秀的子孙……"在南方局工作期间，

他根据党中央的指示精神，为发展国统区的抗日进步文化、团结文化界人士等做了大量工作。在延安整风过程中，凯丰等同志协助毛泽东同志与文艺工作者谈话，并邀请一百多位作家、艺术家及思想文化战线的负责人，举行了延安文艺座谈会。凯丰同志主持会议，毛泽东同志在会上发表了重要讲话。这次会议对解决延安文艺界存在的一些倾向性问题、促进文艺工作者与人民大众的结合起到了重要作用，并留下了深远的历史影响。全国解放战争时期，凯丰同志十分关心东北解放区的文化教育工作，并为此做了大量工作。东北解放区的文化教育事业，与其他建设事业一样，取得了很大的成绩。

（摘自《人民日报》2006 年 3 月 14 日）

【相关作品】

《抗日军政大学校歌》

作词：凯丰　作曲：吕骥

黄河之滨，
集合着一群中华民族优秀的子孙。
人类解放，救国的责任，
全靠我们自己来担承。
同学们，努力学习，
团结紧张、严肃活泼，
我们的作风，
同学们，积极工作，
艰苦奋斗，英勇牺牲，我们的传统。
像黄河之水，汹涌澎湃，
把日寇驱逐于国土之东，
向着新社会前进，前进，
我们是抗日者的先锋！
黄河之滨，
集合着一群中华民族优秀的子孙。

人类解放，救国的责任，
全靠我们自己来担承。
同学们，努力学习，
团结紧张、严肃活泼，
我们的作风，
同学们，积极工作，
艰苦奋斗，英勇牺牲，我们的传统。
像黄河之水，汹涌澎湃，
把日寇驱逐于国土之东，
向着新社会前进，前进，
我们是抗日者的先锋！

韩 伟

（1906—1992）

韩伟（1906—1992），湖北黄陂人。1921 年，在安源煤矿修理厂当学徒。1922 年，参加安源路矿工人大罢工。1926 年，加入中国共产党，并在国民革命军叶挺独立团当兵。1927 年，参加湘赣边界秋收起义。土地革命时期，任工农革命军第一军第一师第一团排长、副连长，中国工农红军第四军三纵队教导大队中队长，福建军区独立第一团团长，独立第八师师长，军区参谋长，红三十四师第一〇〇团团长。曾参加长征。抗日战争时期，任晋察冀军区军政干部学校军事教育主任、冀中军区警备旅副旅长、第九军分区司令员、雁北支队司令员。解放战争时期，任热河军区司令员、第二十兵团六十七军军长等职。中华人民共和国成立后，任解放军军事师范学校校长、华北军区副参谋长、北京军区副司令员兼参谋长等职。1955 年，被授予中将军衔。

“革命的成果来之不易啊！”

……

52年过去了，每当我想起在湘江战役中为革命献身的师长，政委、和亲人们，心情久久不能平静，我这个红三十四师的幸存者，有责任将红三十四师这段悲壮的史绩写出来，除了寄托我对先烈们的深深怀念和哀思外，也希望年轻和不那么年轻的后辈们有所启迪：革命的成果来之不易啊！

韩伟

1986年7月于北京

注：摘自韩伟同志撰写的《红三十四师浴血奋战湘江之侧》一文，该文被收录在《红军长征回忆史料（1）》。

【延伸阅读】

“萍乡一带，我路熟，让我当前卫吧”

韩伟，1906年2月10日出生在湖北黄陂粮房湾，1921年，在安源煤矿修理厂当学徒，参加工人补习学校和安源路矿工人大罢工。1927年9月，参加了湘赣边界秋收起义。韩伟不仅走上了革命道路，而且革命道路的起步阶段就在毛泽东身边。

在秋收起义中有一支特殊的部队，即没有赶上南昌起义的武汉警卫团。参加秋收起义的武汉警卫团，此时番号已改编为中国工农革命军第一师第一团，韩伟任第一团三营九连一排排长。

秋收起义失败后，韩伟所在的九连损失很大，连队干部基本牺牲，战士也只剩下10来名。劫后余生的韩伟带领幸存的战士，准备到浏阳县找毛泽东。此前，韩伟已认识了毛泽东。

韩伟是在1922年参加安源路矿工人大罢工中开始走上革命道路的。1924年，他加入了中国社会主义青年团。入团后，韩伟来往于安源与长沙之间，为毛泽东、蒋先云、李立三、刘少奇等人传递信件。1926年，韩伟加入中国共产党。

当韩伟带领战士赶到浏阳县文家市里仁学校操场时，看见许多官兵正在听毛泽东演讲。

“排长，站在台上的是你给送过信的毛委员吗？”战士马炎拉了拉韩伟的袖子问。

“嘘！”韩伟说，“马炎，你别说话，快听毛委员演讲。”

毛泽东摊了摊手说：“怎么办？我们的起义失败了。散伙吗？大家不赞成。继续执行省委的决定攻打长沙嘛，分明是拿着鸡蛋碰石头。我们与其要以卵击石，倒不如把鸡蛋带出去，到敌人力量比较薄弱的地方，让蛋孵鸡，鸡再生蛋……”

“好，到敌人力量薄弱的地方去！”韩伟不由自主地喊了一声。

这时，一个戴金丝边眼镜的军官，劈头盖脸嚷道：“瞎哄啥！”

“余师长，这小子准是个马屁精。”站在“金丝边眼镜”边上的手握马鞭的军官，讨好地说。

原来“金丝边眼镜”和握马鞭的是师长余洒度和团长苏先骏。韩伟被“马屁精”三个字激怒了，还口道：“现在是革命了，请不要耍军阀！”

“唷！革命？你吓谁啊你！革命，配你说的吗？”苏先骏挥了挥手上的马鞭，“你知道苏维埃革命是怎么成功的吗？是武装起义，进攻大城市，夺取冬宫，赶走沙皇，没听过吧？！”

韩伟也不示弱：“那是苏维埃，不是中国，中国和苏维埃不一样。”

“唷，唷，你反了吧！”苏先骏挥起马鞭朝韩伟打来。

韩伟一边躲闪，一边嚷道：“你是不是革命军军官？”

学校操场西北角的争吵，引起了全场的注意，官兵们都把目光投了过来。正在演讲的毛泽东也停了下来，朝吵闹的地方望去。

毛泽东一眼就认出了自己第一次去安源路上遇见的韩伟，喊道：

“你是韩伟，安源工人罢工时给我送信的小交通员！”

韩伟见毛泽东欲跳下演讲台，便拨开人群，挤到毛泽东跟前，声音洪亮地喊道：“报告毛委员，革命军第一团三营九连一排排长韩伟，前来报到！”

毛泽东连声说：“好，好。”

韩伟说：“萍乡一带，我路熟，让我当前卫吧！”

“好嘛！你就带两个弟兄走前头，送信、传命令、探路吧！”

（摘自《党史博览》2007 年第 9 期）

“我是红三十四师的儿子”

——专访韩伟将军独子韩京京

水碧江寒向北流。溯81年的时光逆流而上，那场战役缓缓铺开呈现在眼前：1934年11月，中央红军一路疾行抵达湘桂交界，连续突破敌人三道封锁线后，在湘江边遇到长征以来最残酷的一场战斗。蒋介石决心将红军围歼于湘江以东，派几十万大军围追堵截，自己则在南昌行营亲自督战。“党国命运，在此一役。”湘江边，注定发生一场惨烈血战。

萧瑟之风湘江来。在广西兴安县界首镇（历史上曾属全州），一座明清建筑“三官堂”独立在湘江西岸，当年朱德总司令和彭德怀军团长指挥作战的临时指挥所就设在这里，抚摸被炸弹震得剥落的墙壁，尘封于江底的喊杀声泛出水面。当年，中央红军掩护的党中央和中革军委就是在这里渡江的。为了保证中央纵队和军委纵队能安全通过湘江，红一军团在脚山铺一带阻击阵地伤亡了3000多人，红三军团第四师在光华铺阻击阵地上伤亡了1000多人，第五师在新圩阻击阵地伤亡了2000多人。敌机在天上疯狂盘旋扫射，在广西全州县一个叫岳王塘的江水转弯处，由于江水渐缓，从上游漂浮下来的红军尸体聚集在这里，江水看上去灰蒙蒙一片。整个湘江战役，红军伤亡、被俘和失踪人数近5万之巨，中央红军从长征出发时的8.6万人减少到3万余人，只此一役，折损过半。湘江战役，注定永留史册。

碧透湘江披热血。最为悲壮、可歌可泣的是红五军团三十四师。红五军团是全军的后卫，而红三十四师是后卫的后卫，是总后卫。承担中央纵队的殿后任务，在敌军的包围圈越缩越紧、跨越湘江之路随时可能被切断的危情时刻，他们只能在全军过江之后再过江，面临的处境凶险至极。红三十四师是全军著名的“铁流后卫”，由来自宁（化）、清（流）、（长）汀、连（城）、（上）杭、永（定）、（龙）岩、武（平）的闽西子弟兵组成。主力红军西渡湘江以后，敌军如飞蝗扑来，切断了三十四师到江边的通道，三十四师血战数日，与敌人拼尽弹药。最后，除了红三十四师代理参谋长王道光按中革军委命令带领200余人突出重围返回湖南，一〇〇团团长韩伟率10余人跳崖幸存外，师长陈树湘以及6000闽西将士几乎全部阵亡，鲜血染红江面。至今，当地还有“三年不饮湘江水，十年不食湘江鱼”的说法。

湘江呜咽悼英雄。红三十四师以全师的壮烈牺牲，换取了主力红军的西进，那6000个年轻的生命，从此长眠于异乡。

湘江战役粉碎了蒋介石“围歼红军于湘江以东”的设想，革命星火重燃于未熄。

（摘自人民网－中国共产党新闻网《专访韩伟将军独子韩京京：“我是红三十四师的儿子”》）

注：①陈树湘（1905—1934），湖南长沙人，中国共产党党员。在毛泽东、何叔衡等影响下，投身革命。1934 年 10 月，中央红军开始长征，陈树湘率领红三十四师担负全军后卫，掩护全军主力和中共中央、中央军委机关，同敌人追兵频繁作战。在惨烈的湘江之战中，他率领全师与十几倍于自己的敌人殊死激战四天五夜，后陷入敌人的重重包围。他在率部突围时腹部中弹，身负重伤。最后，部队弹尽粮绝，陈树湘伤重被俘。1934 年 12 月 9 日 ，在押送途中，躺在担架上的陈树湘乘敌不备，强忍剧痛用手撕开自己腹部的伤口，绞断肠子英勇就义，实现了他“为苏维埃新中国流尽最后一滴血”的誓言，年仅 29 岁。

②韩伟与陈树湘相识于秋收起义。当时二人同在秋收起义第一团三营九连，陈树湘任二排长，韩伟任三排长。在后来的三湾改编、井冈山斗争，以及转战赣南和闽西，建立中央苏区和五次反“围剿”的斗争中，两人始终并肩战斗。他们曾经在一个营分任两个连长，也曾在一个师分任两个团长，还曾在一个军分任两个师长，两人结下了深厚的革命友谊。长征前夕，红十九军缩编为红三十四师，陈树湘任红三十四师师长，韩伟任一〇〇团团长。

③电视连续剧《绝命后卫师》，就是以长征途中红三十四师的壮烈事迹为素材而创作，展现了红军最为艰苦的一段历程。该剧于 2016 年 10 月 17 日在中央电视台综合频道播出。2018 年 4 月 3 日，该剧获得重大革命历史题材优秀电视剧大奖。

高自立

（1900—1950）

高自立（1900—1950），原名高志立，号省烦，化名李友生、周和生，江西萍乡安源人。1926年10月，加入中国共产党，在萍乡从事工人运动。1927年，率200余名安源工人赴武汉，编入国民革命军第二方面军总指挥部警卫团，参加湘赣边界秋收起义，随部队上井冈山。历任红一方面军第六十四师政治委员，红五军团十五军政治委员兼军长，中央革命军事委员会后方办事处政治委员。1934年6月，赴莫斯科出席共产国际第七次代表大会，当选为大会主席团成员和共产国际监察委员会委员，并在开幕式上代表中国共产党致贺词。1938年回国后，任陕甘宁边区政府代主席、副主席兼民政厅厅长、建设厅厅长。1945年起，任中共中央冀察热辽分局委员兼财经委员会书记、冀察热辽办事处副主任。1950年1月9日，在沈阳病逝。

高自立写给女儿的一封信[①]

馥英女儿：

快十年没有写信给你，也无法照顾你的生活，原因是环境不好，写了信给你，反怕害了你，寄钱又怕被国民(党)没收。故只好不写信、不寄钱。现在我县[②]已经解放，故可以通信了。父在日寇投降前一直在延安工作，日寇投降后即调往热河、辽西、冀东、察哈尔一带工作……如有机会，父可能回家一走，否则就要你母亲回家一趟，并把你也接来，接信后即把家中情形及你祖母情形告来为要。

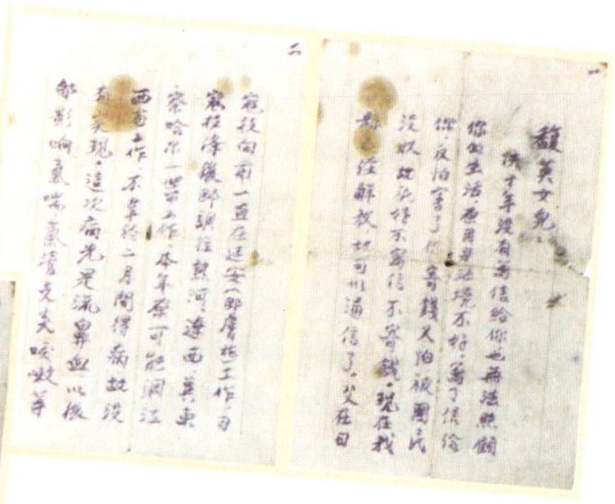

馥英女兒：

快十年没有寫信給你，也無法照顧你的生活，原因是環境不好，寫了信給你，反怕害了你，寄錢又怕被國民没收，故只好不寫信、不寄錢。現在我縣已經解放，故可以通信了。父在日寇投降前一直在延安工作，日寇投降後即調往熱河、遼西、冀東、察哈尔一带工作，今年原可能回江西工作，不幸於二月間得病，故没有實現……

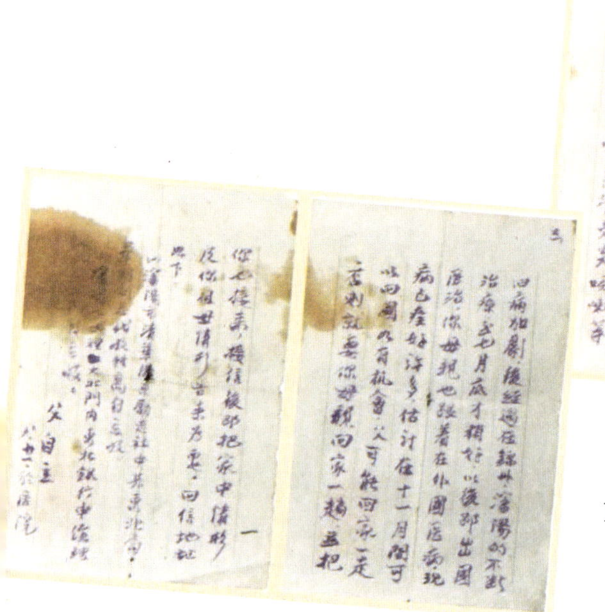

……治療，至七月底才稍好，以後部出國医治，你母現也跟着在外國医病，現病已在好許多，估計在十一月間可以回國，如有机會，父可能回家一走，否則就要你母親回家一趟並把你也接來，接信後即把家中情形及你祖母情形告來为要。回信地址如下：……

父 自立

1949 年 8 月 21 日高自立写给女儿的一封信

回信地址如下：沈阳市清华街原励志社中共东北局，华刊同志代收转高自立收。

父 自立

八 · 廿一 于医院

注：①这是自1925年离家参加革命后，高自立与素未谋面的女儿之间的第一封家书。

②家乡原萍乡县，1949年7月23日解放。

高自立写给女儿的回信

馥英女儿：

两次来信均已收阅，余因于本月二十五日始从莫斯科回到沈阳终阅悉吾女来信，并知你祖母尚健在，甚好。你外祖母一生勤劳，热爱儿女，不幸竟已去世，不甚痛悼……吾儿现已二十余岁，不知已否结婚，如未结婚，暂时可不结婚，余拟送你入学学习，即能求得一项专门技能，以便能在生活上自立。目下你应多多识字、写字，俾将来入学学习更为方便。吾家无人劳动，生活困难，自在意料……余目下尚在休养，将来做什么工作，在什么地区工作，均未决定，一旦工作决定，即当接你来余处。

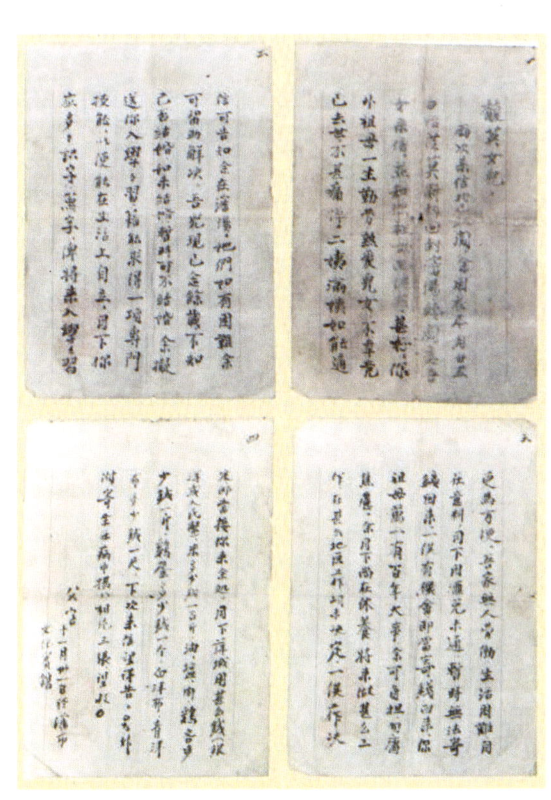

1949 年 11 月 31 日高自立写给女儿的一封信

目下萍城用什么钱（银洋或人民币），米多少钱一百斤，油、盐、肉、鸡各多少钱一斤，鸡蛋多少钱一个，白洋布、青洋布多少钱一尺，下次来信望详告。另外，附寄余在病中摄的相片三张，望收。

父字

十一月三十一日于沈市文化宾馆

注：为让身有残疾的女儿能自强自立，高自立拟送她入学求得一项专门技能。在病重休养期间，高自立仍然心系各地经济民生，并让女儿来信详告萍乡经济情况。

【延伸阅读】

英烈家书传正气，“农民后人”葆本色

“馥英女儿，快十年没有写信给你，也无法照顾你的生活，原因是环境不好，写了信给你，反怕害了你，寄钱又怕被国民（党）没收……现在我县已经解放，故可以通信了……本来父亲可能调江西省工作，不料得病，故没实现。现在国外治疗，病况好了许多。如有机会，父可能回家一走，否则就要你母亲回家一趟……”“吾儿现已二十余岁，不知已否结婚，如未结婚，暂时可不结婚，余拟送你入学学习，即能求得一项专门技能，以便能在生活上自立……”

走进萍乡安源路矿工人运动纪念馆资料室，能查阅到由安源区青山镇源头村农民高跃萍捐献的两封家书。这是其爷爷高自立于1949年8月、11月先后写给高跃萍的母亲高馥英（1983年去世）的书信，至今鲜为人知。

高自立出生于1900年，安源区青山镇源头村人，1926年10月加入中国共产党，在萍乡从事工人运动，1927年9月带领200余人参加湘赣边界秋收起义，后随部队到井冈山，历任红三军政委、红五军团十五军政委兼军长、共产国际监察委员会委员、中华苏维埃共和国工农监察委员会委员、陕甘宁边区政府副主席、中共七大代表、中共冀察热辽分局委员兼财经委员会书记等职务。他 24 岁结婚，不到一年，便远离家乡参加革命，直到 1950 年 1 月病逝。

如今，这位高”留下的四代后人基本上均为农民，且遭遇大病、残疾等折磨，背负数万元债务，却从未居功自傲向地方政府喊苦、索要救助，自强自立面对生活。

农屋大门书写革命标语

6 月 9 日，记者来到安源区青山镇源头村高跃萍家，一眼便见他家旧式水泥楼房的两扇木质大门留有“发扬革命传统 争取更大光荣”的对联，十二个乌黑大字虽已脱色，但在幽静的乡村中特别醒目。

在他家珍藏的一大沓已发黄的照片中，有一张 1938 年 8 月毛泽东与参加井冈山斗争的部分同志在延安凤凰山住地的合影留念，照片上留有毛泽东亲笔题写的“井冈山的同志们”七个大字，坐在前排毛泽东旁边的就有高自立。

年逾六旬的高跃萍介绍，爷爷高自立在沈阳病逝后，奶奶杨竞成未找组织安排工作，于 1951 年夏天悄然回萍乡老家定居当农民，为残疾独女高馥英招上门女婿，并在大门上特别留下了这十二个大字。

20 世纪 80 年代中期，他又将木房改建成水泥楼房，但完好保存了那两扇写有标语的木门，并将其重新安装在新居。他说：“这两扇木门是传承爷爷精神和家风的气节牌，教育我们无论生活多么艰辛，都应一心为公，自力更生，与人为善。”

革命先烈未圆团聚梦

谈起爷爷留下的两封家书，高跃萍和妻子曾继华的眼睛都湿了。他们告诉记者，1925 年夏天起，爷爷高自立辞别亲人的 13 年间，先后参加湘赣边界秋收起义、跟随毛泽东上井冈山，并率部队参加中央苏区一至四次反“围剿”，多次身负重伤，一直未能与家人联系。家人以为他已牺牲，直到 1938 年春天，奶奶杨竞成才接到高自立从延安秘密寄来的“平安信”，得知丈夫还活着，便将女儿交由家人照料，历经艰辛赶往延安与爷爷团聚，一直陪伴到爷爷病逝。病重期间，高自立始终放心不下从未谋面的残疾独女和家中老人，尤其是因对女儿未能尽到父亲责任而充满了内疚。

记者注意到，高自立在两封家书中都提到想回江西，或回乡接女儿到身边生活，并反复叮嘱女儿要学会自立自强，多学习文化，却只字未提要找政府关照女儿。然而年仅 50 岁的他英年早逝，终未能圆骨肉团聚梦。1983 年 6 月，他被民政部授予革命烈士称号。

高馥英虽未曾与生父谋面，但在父亲书信中汲取到强大力量，始终坚定父亲信仰，牢记父亲叮嘱，自强自立地生活。1983 年 8 月，她在弥留之际，委托儿子高跃萍将两封家书及父亲生前用过的指南针、放大镜、钢笔等遗物捐献给安源路矿工人运动纪念馆。

当时纪念馆曾提出给报酬，但被她拒绝。她说，父亲穷尽家中的一切支持、参加革命，她和儿女们不可能拿父亲的遗物去换钱，否则就对不起父亲一心为党为国的忠贞情怀以及高尚的信仰和人格。

“农民后人”自强不息

安源区政府相关负责人告诉记者，凭着高自立的身份及功劳，杨竞成完全可接受组织为其母女俩在大城市安排工作，而她却回乡安心当农民，直到1969年去世。期间，时任省长邵式平曾专程到萍乡给杨竞成拜年，目睹她的家境后，再三劝说她举家搬迁到省城，落实工作。她婉拒省长好意，称女儿和上门女婿都没多少文化，只

1938年8月，毛主席与参加过井冈山斗争的部分同志在延安凤凰山驻地一起合影留念。毛主席兴致勃勃地在照片上亲笔题字：井冈山的同志们。前排左起为宋玉和、谭冠三、谭政、滕代远、肖克、林彪、毛泽东、高自立、何长工、曾玉、欧阳毅；第二排左起为胡友才、孙开楚、谢汉文、江华、朱良才、吴溉之、李寿轩、张际春、谭政文、李克如、韩伟、龙开富、谭希林、刘型、陈伯钧、张令彬；第三排左起为徐日文、曹里怀。高自立（前排左八）时任陕甘宁边区政府副主席

适应待在农村生活。

如今，高跃萍患有肾病，已动过两次手术，无法下地干重农活，且因治病背负 6 万余元债务。独子高兆群外出务工时左手不慎被机器绞伤，落下了单手残疾，目前只能从事简单的工种，月薪仅 2000 余元。而高兆群的 17 岁独子小康（化名）2016 年临近中考时又患上了较严重的抑郁症，经数次治疗也不见好转，现不得不辍学在家，令这个家雪上加霜。

然而，多年来他全家从未向镇里反映他家困难状况，更未提出要救助。夫妇俩对记者说：“我们虽过得艰辛，但始终牢记自己是革命的后代，精神永远不能倒，即便当农民，也应像爷爷一样不忘初心，从容面对生活。”

据了解，2016 年青山镇了解到高跃萍家的实际困难后，已将其纳入低保救助对象，并解决大病医疗报销等问题，同时将其列为政府重点关怀对象。

结束采访时，高跃萍向记者透露了藏在心间 31 年的心愿。他说，1986 年，他曾在沈阳市民政部门的援助下，带着母亲的遗愿前往沈阳烈士陵园祭拜爷爷，那也是他首次与爷爷“会面”。此后 31 年间，因自身家庭经济能力有限，他未能再上东北祭拜，深深愧疚。他想在纪念秋收起义 90 周年之际，能再赴沈阳“看望”爷爷。

（摘自《江西日报》2017 年 6 月 19 日 C1 版）

【相关作品】

《毛泽东传略》

保存在中共驻共产国际代表团档案中的《毛泽东传略》

《党的文献》1992 年第 2 期刊登的《毛泽东传略》部分手稿

《毛泽东传略》是最早出现的论述毛泽东生平和思想的珍贵文献，也是最早的由中国共产党人撰写的毛泽东传记。《毛泽东传略》原文为中文手稿，约12000 字，保存于中共驻共产国际代表团的档案中，现在由中央档案馆收藏。据专家考证，《毛泽东传略》一文的作者为高自立。

吴 烈

（1915—2001）

吴烈（1915—2001），曾用名吴西元，江西萍乡人。生于安源丹江吴家湾贫苦农民家庭。1924 年，在萍乡煤矿电气锅炉房当童工。1927 年，参加安源保卫战。1930 年，在安源参加中国工农红军，同年加入中国共产党。参加中央苏区一至五次反“围剿”作战和长征。土地革命战争时期，任红十五军团第七十八师参谋长等职。抗日战争时期，任中央警卫教导大队大队长、中央警卫团团长兼政治委员。解放战争时期，任冀察热辽军区热东军分区副司令员，第四野战军十二兵团二〇七师师长等职。中华人民共和国成立后，任中央公安纵队司令员、北京军区副政治委员兼北京卫戍区第二政治委员等职。1955 年，被授予少将军衔。

“认真负责，精益求精，做到万无一失”

——吴烈将军给大儿吴时锋的信

时锋吾儿：

见字如面。我最近下部队刚刚回来，只是有些累，身体还好，放心。

现在天气冷了，你们空军修理厂修飞机经常在室外作业，天寒地冻的条件艰苦，一定要注意身体。

经过你们修的飞机是要上天的，更何况你们修的是军委的专机，一旦出事故可不得了。相信你懂得自己的责任重大，只有认真负责，精益求精，做到万无一失，才能保证飞机的安全和军委首长的安全。我一会儿要开会，就写到这里。

家里都好，你的女儿也挺好。放心吧。有事写信或通电话。

祝顺利！

父　吴烈

1971年1月20日

“你是干部子弟，要比别人做得更好才行”

——吴烈将军给二儿吴源的信

吴源：

你好吗？你的信我看到了，得知你们现在训练很紧张，你要注意身体，尤其是你的胃不太好更要注意。训练苦是肯定的，不是常讲平时多流汗，战时少流血吗！要是与我们战争年代行军打仗相比你们现在好多了。你是干部子弟，要比别人做得更好才行。

信中说你已经提排长了，而且也入了党，我和你妈都很高兴，说明你没有辜负我们的希望，你今年刚满20岁就当了排长可不能骄傲，这是与你自己的努力以及领导的培养和关心分不开的；也是部队首长对你的信任。希望你要更加努力工作，严格要求自己，尽职尽责，把你们这个排带好，我和你妈相信你能做得更好。

家里一切都好，不用担心，你安心工作吧！

再见！

父 吴烈

1964年8月27日

“一定要服从组织的安排，不论什么岗位，都是革命的需要”

——吴烈将军给四儿吴时青的信

时青：

你的来信收到了，看了后我和你妈妈都很高兴。你说你分配到了鱼雷快艇上当了枪炮兵，这很好嘛，一定要服从组织的安排，不论什么岗位，都是革命的需要。

在部队要团结同志，尊重领导，不要因是我的儿子搞特殊化，要多向工农的子弟们学习。要改了你身上的娇骄二气，这个在你离家前就跟你谈过了，信里就不多说了。

你的哥哥和弟妹们在部队也都很好，我和你妈妈也很好。你安下心来好好学习，好好工作，有时间常来信。

父 吴烈

1968年4月11日

【延伸阅读】

当红军去

吴 烈

红军部队来到安源后，我和红军的干部战士打得很火热，特别是驻电气锅炉处的红军，我接触的机会更是多一些。看着红军里有和我差不多大的人背着枪，我真羡慕。红军来到安源后帮助打了土豪，分了资本家的东西，解除了反动武装，派出了宣传队，宣传革命道理，红军的纪律很好。这一切我全看在眼里，深深感到红军是我们穷人的队伍，共产党是穷人的大救星，毛泽东、朱德是穷人的大恩人，穷人只有参加红军，拿起枪杆子跟反动派作斗争，才能求得解放。我拿定了主意，一定要当红军，我又一想，自己才 15 岁，部队能收吗？我决定去找杨杰连长，求他收我当红军。

杨杰连长原是我们电气锅炉处的推煤工人，以前我们在一个工厂相互都比较熟，那时我常见他领导工人开会，搞些革命活动，但他的行动一直很秘密。他参加了秋收起义，随着起义队伍参加了红军，担任了红六军第一纵队第一支队钢一连连长。这次他随部队来到安源后，又驻在电气锅炉处。

我找到杨连长后，向他谈了想当红军的想法，他满口答应，并告诉了我报名的地点，我回去后又跟父亲和哥哥谈了这个想法，他们都非常支持我。于是我就去报名。报名处设在九里坪的小街上，此地离新街不远。在去的路上，又碰见了幸元林、苏本桥，于是我们就结伴到了九里坪。当我们找到报名处时，已有好多工人在登记，其中有李和庄、吴云辉同志，他们在后来的战争中英勇牺牲了。报名的手续很简单，只要是工人登记一下姓名、年龄、家庭住址和工作单位就可以了。我是1930年4月参加红军的，参军的地点是在安源新街茶亭，第一纵队司令部设在离茶亭不远的靠山边的屋里，当时每个连有四面旗子，每排有一面旗子。我们被分在红军第六军第一纵队第一支队的一连当战士，连长杨杰和政委热情地接待了我们。参军后，部队杀了猪，做了几个菜，煮了米饭，欢迎我们这些新战士。同时还给每个新战士发了一个红袖章，一顶带有红五角星的八角帽和两块银元，一位老战士还为我剃了一个平头。我就这样参加了红军。

第二天，父亲来部队看了我，我把两元钱交给了他老人家，叫他买点粮食。父亲要我好好干，不要牵挂家里。那次和我一起参加红军的有一二千人，东平巷的工人最多，我们那个连就有十多个安源的工人。当时部队很重视产业工人参军，许多人参加红军后，很快就成了部队的战斗骨干。红军在安源住了一个礼拜左右就走了。在部队里，觉得自己已是一名光荣的红军战士了，心里有说不出的高兴和快乐。

同年9月，我们部队又转回到萍乡、安源，我们连驻在萍乡东门内，后来转移到南门的宝积寺。这次有一千多工人踊跃参加了红军。虽然这里离家很近，但我没有回家，只是父亲得到消息后来到连里看了看我。这天，杨杰连长和政委鼓励我说，你表现不错，打仗很勇敢，负了伤都不下火线，到了萍乡都没回家纪律性强，表现了共产党员的带头作用。不久，我们部队由萍乡经安福又去打吉安。

从在安源当工人到现在，60 多年过去了，如今回忆我所走过的道路，使我心里久久不能平静。我之所以能够在革命处于白色恐怖的情况下当了红军，走上了革命道路，始终跟着党走，几十年如一日，对革命坚信不疑，应当归功于党对我的教育和培养；同时与我早年在安源接受党团组织的革命启示和工人俱乐部子弟学校、工人夜校的革命教育，与安源路矿工人同恶地主资本家和反动派进行前仆后继、不屈不挠的革命斗争的影响是分不开的。安源确实是培养革命战士的红色摇篮。

1984 年 10 月 20 日

（摘自《安源路矿工人运动》，中共党史资料出版社 1991 年版）

吴烈回忆张思德同志的手书稿

1991年8月24日（上午8时30分）

张思德同志因公牺牲47周年了。张思德是四川仪陇县，六合场，韩家湾人。1915年出生于一个贫农家庭。

1933年加入红军，同年加入共青团，1937年加入共产党。

1938年2月7日，从野战军（三五八旅）调中央警卫教导大队，在一连任班长。

1943年，由一连调团部直属警卫队当战士。担任毛主席警卫任务。

1944年9月5日，在安塞县石峡峪烧木炭因窑塌方英勇牺牲，终年29岁。

9月8日下午2时，在延安枣园团部操场举行追悼大会，毛主席在会上发表“为人民服务”的英明讲话。

警卫教导大队于1938年2月7日建立的。军委警卫营是1935年冬建立的。于1942年7月合并为中央警备团。

叶剑英总参谋长、李富春主任、李克农副部长、陶铸总政秘书长参加了中央警备团成立大会，并讲了话。

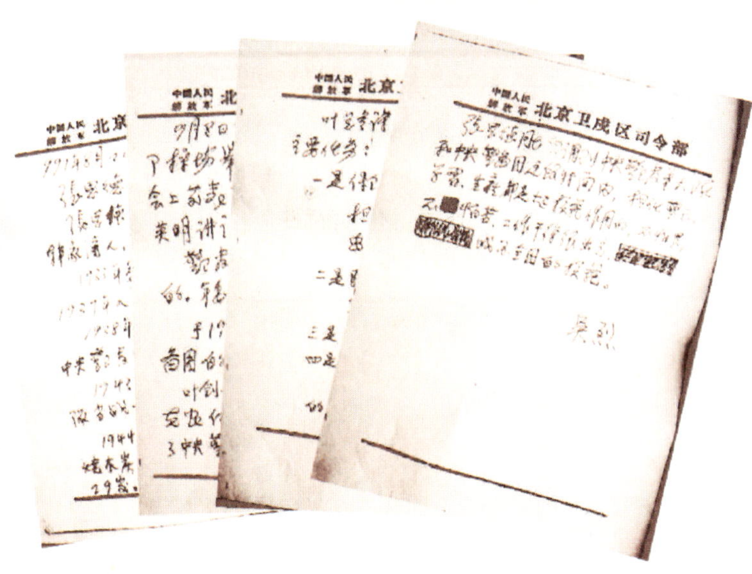

1991 年吴烈回忆张思德同志的手书稿

叶总参谋长讲了中央警备团的任务：

一是保卫中央、中央军委、延安的任务，担任延安的对空警戒，延安的卫戍工作。

二是学习政治、文化、搞好军事训练。

三是自己动手、丰衣足食。

四是做好拥政爱民工作。

中央警备团是按照叶总长的指示去工作、行动的。

张思德同志在中央警卫教导大队和中央警备团这段时间，从担任警卫到学习、生产都是起模范作用的，不怕累、不怕苦，工作干得很出色，成为全团的模范。

吴烈

注：①吴烈，延安时期任中央警卫团团长兼政委，1944 年 9 月 8 日，主持张思德同志追悼会。

②张思德（1915 年 4 月 19 日—1944 年 9 月 5 日），四川仪陇人，共产主义战士，全心全意为人民服务的典范。1933 年 12 月参加红军，不久加入共青团，1937 年 10 月，加入中国共产党。曾经担任过中央警备团警备班长和毛泽东的卫士。在一次反六路围攻的战斗中，他右腿先后两次负伤仍强忍剧痛，冲入敌阵，缴获了敌人两挺机枪。在长征途中，他曾两度经过人迹罕至的雪山、草地，历尽千辛万苦。1944 年 9 月 5 日，他带领战士们在陕北安塞县执行烧炭任务时，即将挖成的窑洞突然塌方，他奋力把战友推出洞去，自己却被埋在窑洞，牺牲时年仅 29 岁。

为了悼念张思德，中央机关和中央警卫团在延安凤凰山下枣园沟口的操场上为张思德举行追悼大会。毛泽东参加了追悼会，亲笔题写了“向为人民利益而牺牲的张思德同志致敬”的挽词，并发表了《为人民服务》的演讲，高度赞扬了张思德完全、彻底为人民服务的思想境界和革命精神。

【相关作品】

《峥嵘岁月》

该书记录了吴烈自 1927 年投身革命以来 70 余年戎马生涯的光辉历程。作者通过回忆自己所走过的道路，以亲身经历的战役战斗、部队的一些重要活动为线索，从不同的角度，不同的侧面，尽可能形象地记述中国共产党和毛泽东同志等老一辈无产阶级革命家的丰功伟绩，反映我军艰难而又光辉的战斗历程，反映无数革命先烈为着民族的解放、国家的独立、人民的幸福，前仆后继，英勇作战，甘洒热血写春秋的大无畏革命精神，反映我党我军在长期的革命斗争中形成的优良传统和作风，反映在枪林弹雨中锤炼出来的永难忘怀的战友情。本书于 1999 年由中央文献出版社出版。

幸元林

（1914—1985）

幸元林（1914—1985），出生于江西萍乡安源，祖籍湖南醴陵市。少年时，到安源煤矿修理下厂当学徒，在安源路矿工人俱乐部子弟学校学习。1930 年，参加中国工农红军，同年加入中国共产党。参加过中央苏区一至五次反“围剿”作战和长征。抗日战争时期，历任冀中军区教导团政治委员，八路军三五九旅南下支队第三支队副支队长，鄂东军分区第九团团长，新四军第五师十五旅参谋长。解放战争时期，历任陕南军区第五军分区参谋长，第二野战军十二纵队三十五旅参谋长、江汉军区参谋处长，湖南军区益阳军分区副司令员。中华人民共和国成立后，历任湖南省邵阳军分区司令员，空军二十二师首任师长，新疆军区参谋长、副司令员、副司令员兼北疆军区司令员，乌鲁木齐军区副司令员、顾问等职。1955 年，被授予少将军衔。

“我是煤矿工人，是无产阶级，任何东西是生不带来，死不带走。留给你们的只有不断地努力与奋斗”

——幸元林写给儿子儿媳的家书

中原、时建：

你们好！来信收到。关于福元托你给我写信，为他说情，把你姑姑、奶奶相继过世后，留下的房子由他继承，不要交还政府一事，我和你们谈谈，让你们了解历史情况和我的一些想法，以便你们做福元的工作。

八〇年初我在北京开会时得知你奶奶病重，请假回老家探望。与当地干部和相关亲属在县委会议室，商量你奶奶的后事。我提出：一是丧事从简。既要尊重家乡风俗习惯，又要破除封建迷信。二是遗产归公。将那栋解放后土地改革时政府无偿分给的房子，再无偿归还予政府。会中已达成一致意见。极个别人提出的请求，是不能改变组织决定，也是不能随意更改的。你说对吗？你也是党员，应该懂得这个道理。如果他说这栋房子还有他妈妈（你姑姑）的一份，那就要交由当地法院去裁决。

当时的情况你们不清楚，我简单的告诉你。解放初期我在益阳军分区工作时，找到了失散多年的母亲。土改时期醴陵县政府把泉塘面上最好的房子分给了你奶奶。你姑姑已经失散二十多年，在湘潭公告上看到我的名字，找到了我。为了照顾母亲，把她也安置在泉塘。这个房子我及你奶奶都没有产权，房子的主人姓“公”。你知道吗？我们没有出一分钱，没买过一片瓦，住了这么多年是党和政府给了我们多大照顾和关怀。

中原，你已是部队干部，有一定的认识。通过这件事我想告诉你，我是煤矿工人，是无产阶级，任何东西是生不带来，死不带走。留给你们的只有不断地努力与奋斗。你是革命后代，是革命军人，公私不分是会犯大错误的，是有历史教训的，我们不能在这上面栽跟头。

今天就写到这里。磊磊还好吧？把他的近况来信告诉我们。

爸爸妈妈

一九八二年二月九日

【延伸阅读】

走上革命的道路

幸元林

1927年秋收起义后，毛主席领导工农革命军在井冈山建立了革命根据地，安源靠近井冈山，有时也能听到红军的消息。当时安源煤矿继续处于萧条状态，大批工人失业，生活痛苦不堪。有些工人便暗中议论，在莲花、永新那边有红军，有苏维埃，是穷人的队伍，人数很多，有几个军，安源也有人去参加红军。

1930年，当红军的机会终于来了。这年阴历四月十六日，是星期天（当时矿上是半个月休息一天），清早就看到红军的队伍扎在操场附近和盛公祠等地。他们纪律很好，打土豪、资本家，把浮财分给穷人，我也分了一床蚊帐。事后才知道，这是黄公路的红六军第一纵队，纵队司令是柯武东，政委是李韶九。后来在永新县红六军改编为红三军。一纵队改为七师。红军到安源后，向工人开展了宣传工作，号召工人参加红军。苏本桥、吴烈和我商量好，一起去参加红军。吴烈当时在电机房做工，苏本桥同我一起在修理下厂做工，我们三人很要好，常在一起玩。吴烈认识红军的一位连长，叫杨杰，原先也是安源工人。他同我两人一起去找杨连长，要求参军，杨连长答应了。第二天清早，我还没有起床，苏本桥就到我家里叫我。我穿上衣服，什么东西也没带，也没让家里的人知道，偷偷地同苏本桥、吴烈一起到九里坪正式参加红军。苏本桥年纪比我们两人大一两岁，文化程度比较高，参军以后就当了连队的文书，后来牺牲了，牺牲的时间是长征以前，具体时间、地点不大清楚，我和吴烈参军后在杨杰这个连当兵，打了文家市以后，吴烈就被调到警卫连去了。同我们一起参军的安源工人，还有吴云辉，长征时他当过军委工兵连长，到延安后任军委警卫营长，抗日战争中从延安上前线时，被敌人飞机炸死。宋金鳌、罗桂发，他们两人曾同我一起在瑞金中央党校（正式名称是马克思共产主义学校）学习过，后来都牺牲了。宋金鳌是被敌人的飞机炸死的，罗桂发牺牲的时间、地点记不清了。还有一个刘勇，全国解放后任过济南军区装甲兵司令员，已去世。这次参加红军的人数不少。据说红军这次到安源扩军，是中央事先同安源党组织商量好了的，要求安源党组织动员一些工人参加红军。

1930 年 7 月间，红军在进攻长沙之前，又到了安源。那次我们所在的连队没有去。9 月间，第二次打长沙退回江西时，红三军没有经过安源，我和苏本桥一起请假弯路回安源看望家里人。这时我妹妹已经被人拐走了，只有我母亲一人在家。据说，红军两次到安源又有很多工人参军。后来我们从安源出来的同志在一起闲谈时，估计红军每次到安源，参加红军的人都有千把人。几千名产业工人参军，对于红军的建设是很有意义的。仅这点，就可以看出安源工人运动对中国革命的贡献是很大的。当时部队非常重视产业工人在军队中的作用，许多人参军后不久就成了部队的骨干。在长期的革命战争中，许多人牺牲了，其中不少是很有才能的人。我作为一个幸存者对于那些牺牲了的同志始终怀着无限的崇敬和怀念。

1984 年 11 月于北京

（刘善文整理，摘自《安源路矿工人运动》，中共党史资料出版社 1991 年版）

【相关作品】

《罗霄山之子——记幸元林将军》

作　　者：杨勤良
出 版 社：新疆美术摄影出版社
出版日期：2009 年

王耀南

（1911—1984）

王耀南（1911—1984），江西萍乡上栗人。1919年，在安源煤矿当童工跟其父学爆破技术。1922年，参加安源路矿工人大罢工，1927年9月，在安源参加湘赣边界秋收起义。1930年3月，加入中国共产党。红军长征时，组织工兵架设于都河大桥、乌江浮桥、赤水浮桥。抗日战争时期，参加百团大战，利用地雷战、地道战英勇抗击日寇。解放战争时期，采用坑道作业，取得攻打运城、临汾、太原、张家口战役的胜利，参加平津战役，为保护北京的古建筑作出了突出贡献。抗美援朝战争爆发，提出坑道战作战方法，大大减少了志愿军官兵的伤亡。1955年，被授予少将军衔，是中国人民解放军工程兵的创始人之一，有“工兵王”“地雷王”“爆破王”等称号。中华人民共和国成立后，任解放军工程兵副司令员等职。

“更重要的是要从思想上做一个合格的共产党员”

——王耀南给二儿太岳的信

二儿太岳：

来信收到，得知上星期党组织已正式批准你加入中国共产党了，很为你高兴。我作为一名加入党组织多年的老党员，为我们家增添了一名新党员更觉得是一件大喜事。

部队是一个大学校，很能锻炼人，作为一名军人，能在部队里加入共产党，是很光荣的，但是责任也是很重大的。我要求你不仅从组织上入党，更重要的是要从思想上做一个合格的共产党员。你战争年代出生，新中国长大，在部队要处处以身作则，不怕苦，多锻炼自己，多读毛主席的书，在部队要多向工农入伍的同志学习。

爸爸

一九七一年七月十五日

【延伸阅读】

我记忆中的第二团爆破队

王耀南

我父亲是安源煤矿的井下工人。我自己8岁以前要过饭，8岁就成了矿上的童工，10岁就到矿井里学爆破技术。安源工人运动前一个时期的情况我记不清楚，因为年纪小。我参加了1927年9月爆发的秋收起义，那时我才15岁。

在我的记忆中，毛主席第一次到安源是1921年秋天。当时我还小，是井下的童工，不懂事。毛主席1921年秋天到安源考察的事，是听我父亲和其他的大人们讲的。

1927年9月10日，我们安源工人1300多人在毛主席的领导下举行了秋收起义。安源工人和当时在安源的各地工农武装被编为工农革命军第一军第一师第二团。我们安源煤矿60多名爆破工人被编为第二团爆破队。杨明同志任党代表兼队长，我任副队长。

爆破队是在安源老火车站附近的一个房子里成立的，由第二团团长王新亚同志给爆破队授了队旗。第二团从安源出发攻打萍乡县城时，爆破队担任了爆炸城门的任务，后因被敌人发觉没炸成。接着，王新亚同志带领队伍打老关、醴陵、浏阳。我们爆破队奉命回安源造“洋葛古”，准备迎接新的战斗。

我们回到安源不久，9月12日，接到王新亚签署的命令，要我们到修水师部去参加整编。于是，我们便在9月13日凌晨三四点钟的样子从安源出发去修水。经过老关向北走，在离老关约20华里的一个地方，因为大家都很疲劳，便在那里休息了一天，然后继续向北走，经过东峰界、黄茅到了石鼓山。9月16日下午，在石鼓山的高排又接到命令，说不要去修水了，要我们赶到文家市去。

这样，我们爆破队60多人便全部到了文家市。我们到文家市的时候，那里人山人海好热闹，有一团的人，三团的人，也有二团的人。这时我们才知道二团在浏阳县城被打散了，只有第二营营长吴杰带了四五十个人，第六连连长熊坤山带了周成福、李文成等六七个人，闻讯赶到文家市会合。吴杰他们住在一所中药店里，我和杨明去那里看过他们。后来知道，二团在浏阳被打散后，大部分人分头返回安源、萍乡、安福、莲花、醴陵等地，有的在醴陵、萍乡农村打游击。

部队在文家市会合后，向萍乡方面进发，我们爆破队走在部队前面。有一天，当我们走到一座山上的时候，突然听到后面十几里以外的芦溪方向有枪声，大家估计可能发生了战斗。待我们走到莲花甘家村休息时，才听说部队在芦溪遭到伏击，总指挥卢德铭同志牺牲了。部队到达永新县的三湾进行改编。我们爆破队的干部战士因为都是经过斗争锻炼的产业工人，在改编时被作为骨干分散编到各个连队，我被编到一连一班当班长。1930 年 6 月，原来爆破队的人员又奉命集中起来，组成红军第一个工兵连。

1984 年 9 月 12 日

（刘善文整理，摘自《安源路矿工人运动》，中共党史资料出版社 1991 年版）

工兵专家

王耀南将军是萍乡上栗人，是我军工兵事业的奠基人之一，一家三代都是安源矿工。祖父在矿上干了几十年，最后在一次瓦斯爆炸中惨死在井下。他8岁时在安源煤矿当童工，随父亲在井下学爆破技术。1921年中国共产党成立后不久，毛泽东、刘少奇、李立三等老一辈革命家来安源发动和领导路矿工人革命运动。童年的王耀南受到革命熏陶，参加了安源路矿工人俱乐部领导的儿童团。此后，王耀南除下井做工外，积极参加革命活动，如为工人开会把风放哨、为俱乐部传递消息、散发传单等，很快成为安源工人运动的重要骨干。1927年8月，年仅15岁的王耀南加入了中国共产主义青年团。同年9月，他和60余名安源矿工组成工农革命军第一军第一师第二团爆破队，参加了毛泽东发动和领导的湘赣边界秋收起义，跟随毛泽东上井冈山。

在中央苏区，他曾参与红军工兵部队的创建。在长征途中，他率工兵连逢山开路，遇水架桥。1934年10月，他在江西于都亲自指挥架设长征路上第一桥。1935年1月，中央主力红军三渡赤水之后，根据毛泽东的指示，王耀南率工兵连赶回渡口留守，控制、检修、加固浮桥，以备主力部队四渡赤水。在两个多月中，王耀南指挥工兵连克服种种困难，架起10余座桥，获全军通令嘉奖，被毛泽东誉为“工兵专家”。红一方面军长征路上经过 22 条大河，均由王耀南担任渡河现场总指挥。红军总参谋长刘伯承曾经风趣地对毛泽东说：“只要王耀南有烟抽，红军没有过不去的坡；只要王耀南有酒喝，红军没有过不去的河。”

（摘自《敌后抗战战术之地雷战》）

【相关作品】

《王耀南回忆录》

由中共党史出版社出版的《王耀南回忆录》是王耀南将军晚年付出巨大心血撰写的力作，以平实质朴的文字回顾了他从矿工到将军的独特经历，严谨真实地记述了红军、八路军、解放军众多的战役、战斗和重大行动的决策实施过程，传神生动地追忆了老一辈革命家、军事家在战争年代的生涯故事。这些都是十分吸引读者的，而书中选用的数百幅图片，许多是第一次发表，使得整部回忆录图文并茂，更增添了作品的可读性，是一部传统教育的好教材。

熊 飞

（1911—2000）

熊飞（1911—2000），湖南湘潭人。1913年，随父亲来到安源煤矿。1922年，在安源路矿工人子弟学校学习；同年9月参加安源路矿工人大罢工。1930年，参加安源工人纠察队，任队员、班长；同年参加红军。1931年，加入中国共产党。抗日战争时期，任八路军总兵站政治处主任，军委卫生学校教导员，军委总后勤部供给学校政治委员，鲁中军区沂山支队政委兼十二团政治委员，鲁中军区第一军分区副政委兼警一旅政治委员，鲁中军区第三军分区副政委兼警三旅政治委员。解放战争时期，任鲁中军区分区第一军分区副政治委员兼政治部主任，第三十二军九十四师政治委员。中华人民共和国成立后，任解放军广东省军区政委等职。1955年，被授予少将军衔。

“永远听党的话”

——熊飞给儿入伍时的赠言

天大地大，不如党的恩情大；爹亲娘亲，不如毛主席亲。永远听党的话，做毛主席的好战士。

爸、妈 题

一九七四年十月十八日

济南

熊飞给儿入伍的赠言

【延伸阅读】

当兵就要当红军

“当兵就要当红军，处处工农来欢迎。官长士兵都一样，没有人来压迫人。”

1930年9月下旬的一天，安源半边街大操场上的红旗招展，歌声嘹亮。原来是毛泽东和朱德率领的红一方面军正在安源扩充红军。街头巷尾贴满了“欢迎报名参加红军！”“红军是工人农民的队伍！”等红色标语。半边街大操场的报名台前挤满了群众。特意从长沙赶到安源的熊飞被这动人的情景吸引住了。

熊飞祖籍湖南湘潭，3岁时随父母到安源，12岁开始在矿上当童工，饱受资本家、监工的剥削和压迫，曾参加过闻名全国的安源路矿工人革命运动，并且目睹了安源工运领袖黄静源英勇就义的悲壮情景。1925年9月，安源路矿工人俱乐部被军阀武力解散后，他和父母被迫离开安源，来到长沙附近的平塘外婆家居住，靠烧石灰、做皮匠维持生活。在安源受过革命熏陶的熊飞，始终坚信共产党和党领导的革命事业。1930年9月，中国工农红军第二次攻打长沙未克，沿株萍铁路转移到安源。熊飞听到这个消息，便背着父母匆匆赶到那儿。

“长官，我报名当红军行吗？”熊飞来到报名台前，对一位年轻的红军干部说。

部队首长仔细打量着这位十八九岁的小伙子，只见他中等身材，体格强壮。

“小鬼，你为什么要当红军呀？”

“红军好！红军是共产党领导的军队，是我们穷苦人自己的队伍。”熊飞大声回答。

“说得好！你叫什么名字？”

“熊飞。”

“在哪里做工？家里还有什么人啊？”首长亲切地问。

熊飞一五一十地向首长介绍了自己的家庭情况和要求参加红军的迫切愿望。

首长听后，爽快地说：“好！小鬼，我正式批准你参加红军！”

“熊飞！熊飞！”首长的话音刚落，远处传来了一阵急促的叫喊声。原来是小时候的玩伴戴福生。他戴着红袖章，背上挎着大刀，兴致勃勃地跑过来，一边急促地喘气，一边大声地说：“听你伯伯说你刚回来，我正到处找你报名参加工人纠察队呢。”

“什么，参加工人纠察队？我已经报名当红军了。”熊飞惊讶而焦急地说。

“走，袁主席叫你有事。”不由分说，戴福生拉着熊飞就往安源市苏维埃政府跑。

“不！我要当红军。”安源市苏维埃政府主席袁德喜将要他参加工人纠察队的想法说明后，熊飞固执地说。

“当红军和当纠察队队员是一样的，都是为了同国民党反动派作斗争。这几天，报名参加红军的工友农友已超过千人，你想当红军这很好，但红军离开安源后，苏维埃政权还要不要人保卫？我们工人纠察队的任务，除了战时同敌人打仗外，平时还要维护地方革命政权……”熊飞讲不过袁德喜，终于答应参加工人纠察队。

安源工人纠察队是在红军帮助下建立起来的革命武装。全大队由百余人组成，下辖三个中队，每个中队下面又辖三个小队。队员都是青年工人，年龄最大的不过 30 岁、最小的只有十七八岁，有四五十支步枪，都是红五军发的，其余的武器是梭镖和马刀。熊飞当时 19 岁，正是生龙活虎的年华。他整天戴着红袖章，手持红缨枪，和大家一道参加政治学习和军事训练。

红军在安源只待了 6 天。9 月 27 日，毛泽东、朱德同志率领的红军队伍又要开拔了。地方党组织指示工人纠察队留在安源。望着红军大队人马离开安源，熊飞欢呼雀跃的表情顿时消失，心情十分沉重。因为红军离开安源后，国民党反动军队将会卷土重来，劳动人民又要吃苦受罪……

红军离开安源的第二天下午，工人纠察队正在进行军事训练，萍乡县委书记赶来传达上级指示。他说，红军离开安源后，敌人可能会来进犯，大家要做好战斗准备。敌人没有到来之前，工人纠察队在安源继续坚持斗争，维护革命秩序；如果敌人进犯，工人纠察队可向湘赣苏区的莲花、永新方向转移，加入那里的红军独立师，进行游击战争。安源工人纠察队遵照县委指示，一面派人到醴陵等地侦查警戒，一面加强对安源市区的巡逻，以防敌人的破坏和捣乱。

红军走后大约第十天的一个傍晚，天上的乌云密布，黑沉沉的好像要压下来一样。熊飞刚执行任务回来，班长通知他火速赶到市苏维埃政府办公楼前集合。

市苏维埃政府主席袁德喜正在作战斗动员："同志们！国民党反动军队正向安源进犯。为了保存实力，根据县委指示和大家意见，我们工人纠察队分两路撤离安源：一路沿公路向赣江方向前进，去找主力红军，另一路向莲花前进，去找湘东独立师。现在大家整理行装，马上出发。"

熊飞是分配去莲花方向。这一路有五六十人，由袁德喜主席带队。由于时间紧迫，来不及吃晚饭，出发前每位队员发一袋炒米。持枪的队员每人发五颗子弹。熊飞没有枪，只有一支梭镖，队长特意发给他一颗手榴弹。

灰蒙蒙的天空，飘洒着毛毛细雨。熊飞跟着队伍踏上了行军路途。雨水几乎把他们的全身都淋湿了。队伍从安源出发后，经五披下、芭蕉岭，昼伏夜行走了两天，到达南坑。这里群山起伏，到处是密密层层的树木和竹林。此时已是中午，火辣辣的太阳直照山岗，酷热掺合在空气里，使人感到十分闷热。队长见同志们又困又饿，只好找到一处低洼地，命令原地休息。大家一躺下就呼呼大睡起来，一直睡到第二天黎明。

"啪啪，啪啪啪……"突然枪声大作，火光冲天。原来是纠察队负责人军事经验不足，没有在制高点布哨，半夜被国民党萍乡县保安团巡逻队发现，立即调兵偷袭。大家被枪声惊醒后，对敌人的进攻毫无思想准备，只顾各自逃命。熊飞从地上爬起来，急忙朝丛林中跑，四五个匪兵紧追不放。忙乱中，他跑到一块离地面五六米高的悬崖边，再也无路可走了。匪兵端着明晃晃的刺刀，一步步向前逼进。

熊飞边走边退、突然掏出一颗手榴弹投向敌群，并猛然跳下悬崖。

“轰隆”一声，匪兵被炸得东倒西歪，喊娘叫爹。熊飞跳下悬崖后跌在一堆乱石上，他的手腕被摔断，顿时昏迷过去。

国民党军队为了搜捕纠察队队员，四处放火烧山。大火铺天盖地，熊熊燃烧。躺在乱石中的熊飞全然不知。

不一会儿，天空下起了倾盆大雨，国民党军队匆匆下山。雨水淋灭了山火，也使熊飞从昏迷中苏醒过来。他的全身都被荆棘划破，被雨水淋湿，摔断的手腕动也不能动。望着身边战友们的尸体，他暗暗发誓：一定要找到红军，为战友们报仇。

熊飞咬紧牙关，忍着疼痛，从地上爬起来，用毛巾包扎好自己的伤口，艰难地行走着。一路上，他找到了身负重伤的战友戴福生、袁丙炎。他们三人相互撑扶着，沿着山道一步一步朝莲花方向走去。经过几天的艰难跋涉，终于在莲花县境内找到了中国工农红军湘东独立师，正式参加了红军，熊飞被任命为师部副官处副官。从此，他跟随毛主席、共产党领导的革命军队披荆斩棘，转战南北……

（摘自《熊飞将军》）

吴运铎

（1917—1991）

吴运铎（1917—1991），祖籍湖北武汉，出生于江西萍乡安源。全国抗战爆发后，由安源党组织介绍，在南昌参加新四军，1939年加入中国共产党。历任新四军司令部修械所车间主任，淮南根据地子弹厂厂长、军工部副部长，华中军工处炮弹厂厂长，株洲兵工厂厂长，中南兵工局第二副局长，机械科学研究院副总工程师，五机部科学研究院副院长、顾问等职。在生产与研制武器弹药中多次负伤，仍以顽强毅力战胜伤残，坚持战斗在生产第一线。1951年10月，中央人民政府政务院和全国总工会授予他特邀全国劳动模范称号，并将他誉为中国的“保尔·柯察金”。吴运铎是我国抗日战争时期兵工事业的开拓者之一，是中国抗日战争时期新四军革命根据地兵工事业的开拓者，被评为“100位为新中国成立作出突出贡献的英雄模范人物”。吴运铎还是新中国第一代工人作家，他撰写的自传《把一切献给党》，曾教育了整整一代人。

“你们的喜事要新办，以节省为主”

——吴运铎给儿子的信

小勤：

收到你二十九日的来信，得知你们的近况，欣甚。

我去年十一月间，闹了一次肺炎，病情较重，我去医院看门诊，医生留我住院，但又无病房，只得回家卧床，请街道医院医生来家看病，卧床二十多天，到十二月十八日我才勉力下床……

花盆不要买了，我健康情况无力再养花，在这辞世之年，默默地为四化尽点力，搞点传帮带，写两本书，我也就死而无憾了。

希望你和丽华早点来京，家里正在为你们布置房子，把两张单人床拼起来，临时简单布置一下，反正你俩也住不久。

你们的喜事要新办，以节省为主。需要购置的东西，当然是必要的。若钱不够，婚后亦可逐渐添置。

请代我和你妈，祝丽华一家幸福健康。

……家里一切甚好，毛孩今天回家来了，她快要上班了，

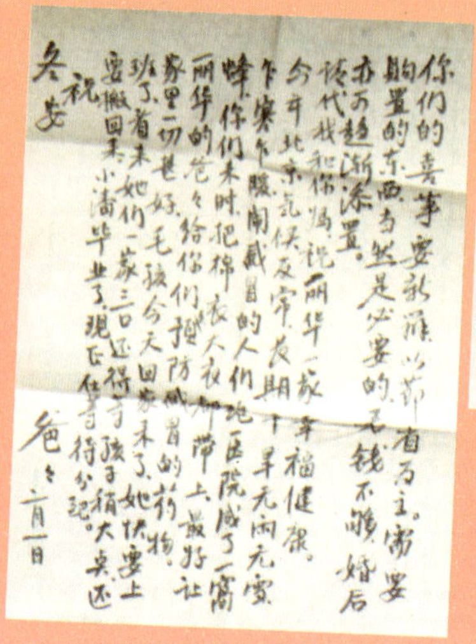

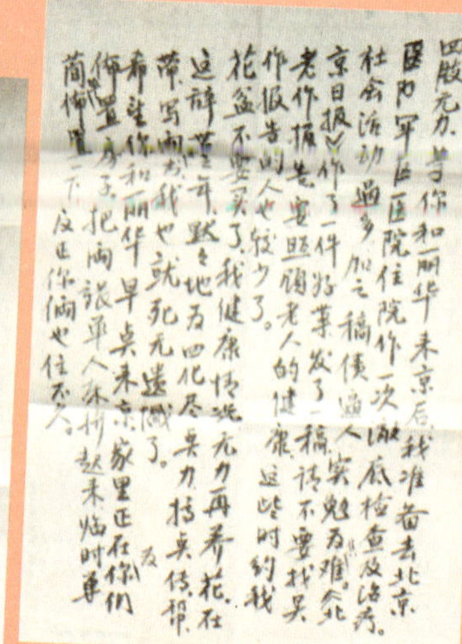

吴运铎给儿子的信

看来他们一家三口还得等孩子稍大点，还要搬回来。小清毕业了，现在在等待分配。

祝冬安！

爸爸

二月一日

“先筹集100元（我负责）买100元的书”办残疾人图书馆

——吴运铎给残疾人孙恂的一封信

孙恂同志：

你好！

频繁地给你去信，是会增加你的负担的。阅后你不要急于作复或不要复信。

这两天我老想着你的三大理想。其一捐残疾人流动图书馆一举，我有个想法，由于经费困难，可以采取从小到大的捐法。例如：先筹集100元（我负责）买100元的书，以后逐月或多或少地增添书籍，像滚雪球那样，越滚越大。你说可行否？

我们是病残人，要搞流动图书馆反不如固定的较好。如开始时固定在你家或其他同志家，借阅者可凭借书证到固定处借书……

还有一些零星问题：如要写几件借阅规则等。

请你考虑一下。若可行，我们当立即着手筹捐。

既有图书馆就必须有办事员，最少也得有一人，这办事员在初创时还得无偿地为病残人服务。

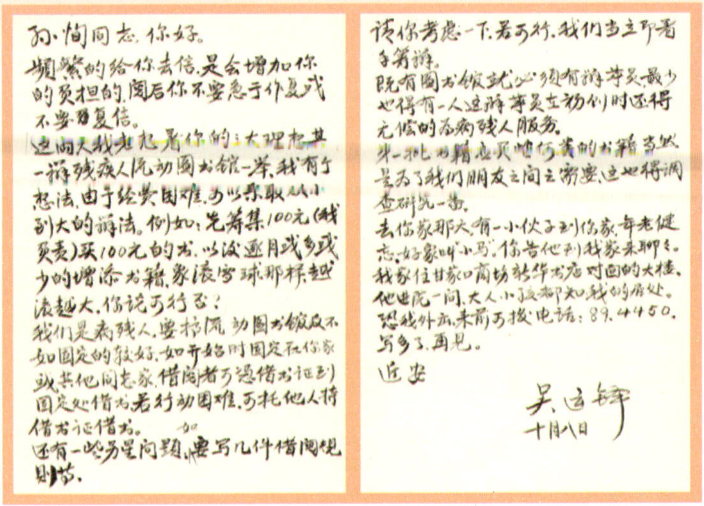

吴运铎给孙恂同志的信

第一批书籍应买些何类的书籍，当然是为了我们朋友之间之需要，这也得调查研究一番。

去你家那天，有一小伙子到你家。年老健忘，好像叫“小马”。你告他到我家来聊聊。我家住甘家口商场新华书店对面的大楼。他进院一问，大人小孩都知道我的居处。恐我外出，来前可拨电话：*894450*。写多了，再见。

近安。

吴运铎

十月八日

注：孙恂（1940—2014），女，汉族，山东威海人。毕业于北京市女子第二中学。1981 年创办北京病残青年俱乐部，2000 年与中央人民广播电台共同开办残疾人之友节目“孙大姐信箱”，曾任中国残联肢残人协会荣誉副主席。

【延伸阅读】

在安源的日子里

吴运铎

我祖籍湖北汉阳，父亲名叫吴国彬，他很早就带着全家来到安源煤矿谋生。他在洗煤台当过运输股长，是中等职员，待遇比工人好一些。我是 1917 年在安源出生的，直到 14 岁那年才离开安源。我的童年和少年都是在安源度过的，安源路矿的机器生产和工人的革命斗争，给了我极其深刻的影响。

我家在八方井附近，前面是矿上的医院，后面山坡上是外国人的住宅，叫作木架子洋房。矿局办公楼、发电厂、炼焦处、洗煤台、总平巷、修理厂，离我们家都不远。所以，在我们家一天到晚都听到机器轰鸣，看到浑身乌黑的矿工在门前来来往往，有时候还会看到抬着死伤的工人经过，他们的家属跟在后面凄惨地哭着。这些情况，使我小时候就对机器发生了浓厚的兴趣，对工人的苦难境遇很是同情。我常常和一些小伙伴到矿山各处玩耍观看，尤其是喜欢去机器修理厂看修造机器，对修造机器的工人格外佩服和仰慕。日子久了，逐渐同一些工人熟了，从他们那里弄到一两个破旧的钳子之类的小工具，然后到洋人住宅附近去拾铁罐头盒做材料，自己动手做玩具。

我七八岁的时候，进了工人俱乐部办的学校读书。工人俱乐部在安源办了四所学校，东西南北四区，每区一所。我家住的是东区，东区的学校叫第三校，在炮台山脚下，也就是盛公祠前面山下，我就是在第三校发蒙读书的。第三校是四个学校中地方最大、学生最多的一个，学校在教我们学习文化知识的时候，给我们讲一些浅显易懂的革命道理，例如，劳动最宝贵，什么是阶级等。那里还成立了儿童团，常常组织儿童团上街宣传。我记得有个女同学名叫朱运贞，是我们这个班年龄比较大的学生，她父亲是俱乐部的干部，她本人也很有胆量，对宣传很积极。上街宣传的时候，常常是我和一些小伙伴先吹喇叭，吸引听众。听的人集合得差不多了，就到附近店铺里借一条凳子，朱运贞就站到凳子上讲演。有一年，工人俱乐部举行“五九”国耻纪念，我们学校师生都参加示威游行，散传单，讲演，喊口号，“打倒帝国主义，打倒军阀，抵制洋货，提倡国货”。学校还组织队伍到各商店搜查洋货。

后来，工人俱乐部被敌人武力解散了，黄静源被杀害，工人子弟学校也停办了。第二年，北伐军到了安源，工人俱乐部又办起了学校，我又进学校读书了。这时，又成立了儿童团，团长叫杨世桥，我是东区儿童团的宣传委员。儿童团在我家后面的木架子洋房楼下搞了一大间房子做集中活动的场所。同过去一样，我们常常上街做宣传，讲演，唱歌，演文明戏，等等。当时有一个歌叫作“打倒列强除军阀”，很流行，大家都会唱。我也参加过演文明戏，扮演卖油条的小孩。

在这之后不久，发生过地主挑动农民围攻安源的事。据说是丹江的地主搞的。他们欺骗一些农民把安源包围起来，不让运粮食和蔬菜进安源，用松树炮（又叫长龙）进攻。安源工人用矿上的炸药制成土手榴弹（叫作洋蕌古）还击。

后来矿上停了工，工人失了业。我父亲也没有工作，生活很困难，我也读不成书了。于是我同一些小伙伴一起去挑脚或拣炭卖，帮助家里维持生活。挑脚是从贾家冲一个小煤矿挑煤到三号桥，挣脚力钱。收煤的老板姓李，大家叫他李胡子，坐在一张很高的凳子上掌秤。我矮小，扁担上不了秤钩，李胡子就骂骂咧咧，我心里好气，这时，同我一起挑脚的大人出来说话，指责李胡子，说他不该欺负小孩。因为受这种欺负，我就不去挑脚，而去拣炭卖。拣一天炭可以卖到20多个铜板，卖了炭就到附近农村买番薯回家。有一天，我和一些小伙伴在东窑上拣炭，看见有20多个工人离开安源向南边的山里走去。其中有一位工人是修理厂上的，我认识他。我问他到哪里去，他说去剪刀山（井冈山）。听说他们去剪刀山，就知道是去当红军。当时，我们常听说有个剪刀山，山上有许多红军，是为穷人打天下的。人们把剪刀山说得神乎其神，说这个山像一把剪刀，坏人一去就会被剪死。所以，在我们心目中红军和剪刀山是很神奇的，盼望有一天也能上剪刀山当红军。过了好多年以后，我参加了新四军，听到井冈山斗争的故事，才明白过来，我们小时候把井冈山误听成剪刀山了。

有一年，我们盼望已久的红军终于来到了安源。听说红军来了，我和一些小伙伴都跑到俱乐部操坪去看。看到很多人在大操坪开会，有红军，也有工人。操坪里搭了一个讲台，有一位穿红军军装的人斜背着雨伞，站在讲台上讲话。事后听大人说，这讲话的人就是毛泽东。

在这以后不久，因为萍矿越来越萧条，我父亲便带着全家离开安源，到大冶富源煤矿做事。我从小就对机器感兴趣，到大冶富源煤矿以后，终于实现了自己的愿望，当上了电工学徒。在那里当了8年工人。1938年，我听说安源可以找到新四军，新四军就是原先的红军，于是，我一个人离开大冶到了安源，由安源党支部书记甘仲儒写介绍信，到南昌找到新四军办事处主任黄道，参加了新四军。

1989年9月10日

（刘善文整理，摘自《安源路矿工人运动》，中共党史资料出版社1991年版）

【相关作品】

《把一切献给党》

《把一切献给党》是吴运铎的自传，1953年由工人出版社出版。书中介绍吴运铎成立的军工厂条件极端困难，没有生产过迫击炮弹，为此他毅然决定自己研究生产。他找来一个未引爆的迫击炮弹，拿到实验场进行拆解，并让其他人一律撤离现场。他将炮弹零件一个一个地拆开记录在本子上，绘制在图纸上，当他把炮弹全部拆开时，不幸的事情发生了，导火装置受到碰撞，引起爆炸，“轰”的一声响，将他的左手炸掉四个指头。但他并没有因此而放弃，继续顽强地试验，终于成功生产出了迫击炮弹。之后他又不顾一切地投入手榴弹的实验工作中去。他的助手和工人们都劝他说：“你已经负了一次伤，这些危险的实验由我们去做！”但是他坚持自己来做。这次的实验更加危险，实验中手榴弹发生爆炸，他膝盖骨被掀掉炸成重伤，再一次住进医院。

1949年冬，党组织送他到苏联去诊治眼睛。在莫斯科，《钢铁是怎样炼成的》作者奥斯特洛夫斯基的夫人听到了他的英雄事迹，特地到医院看望他。苏联医生对这位“中国保尔”十分崇敬。经过悉心治疗，吴运铎的部分视力得到恢复，于1950年回国后，应邀参加了天安门国庆观礼。1953年，他拖着伤残的身体写下了自传体小说《把一切献给党》，以感人至深的事迹，实践了自己的誓言：“把我们的力量，我们的智慧，我们的生命，我们的一切，都交给祖国，交给人民，交给党！”

袁学之

（1909—2002）

袁学之（1909—2002），湖南醴陵人。13岁，到江西安源煤矿做童工。1922年9月，参加刘少奇、李立三等领导的震惊中外的安源路矿工人大罢工。1930年,在安源参加工农革命军。1932年2月，加入中国共产党。1938年，受中共湖南省委派遣，以特派员身份赴安源从事党的工作。1941年7月以后，到重庆周恩来身边工作。后到延安中央党校学习，参加延安整风运动。中华人民共和国成立以后，任长沙市总工会主席、湖南省总工会筹委会副主席。1961年，任省总工会主席。1979年，当选为湖南省政协副主席。

给小孩糖果钱、交上用餐粮票

——袁学之给老革命贺梅生的信

贺梅生同志：

今天承你盛情招待，因走时仓促，忘记给小孙孙的糖果钱，又忘记了付粮票。今付上小儿糖果洋二元粮票壹斤，望查收和笑纳。

此致

敬礼！

袁学之

二月二十日

注：1955 年新春佳节不久，袁学之趁着全国总工会干部学校放假期间，到安源走访老工人，这是解放后他第一次回安源。贺梅生 1919 年来安源做工，受尽了工头的剥削和压迫。1922 年 9 月安源大罢工，不久又打破了包工制，工人翻了身，他打心眼里感谢俱乐部，便由衷而发创作了中国工人运动史诗《罢工歌》，后改名为《劳工记》（见 1980 年 5 月 14 日《江西日报》第 4 版，《中国工人运动的一部史诗〈劳工记〉》，作者易国泰、易昌泰，证明《劳工记》原创人为贺梅生）。1924 年帮助成立了安源园艺工会，任干事。与袁学之交谊颇深。据贺梅生的儿子贺楚吾 1998 年 4 月回忆，袁学之来安源的时候，穿着蓝布衣服，打着绑腿，脚穿布鞋，带把湖南油脂雨伞，如同一个老农，非常平易近人。其时贺楚吾的儿子刚刚出生不久，贺梅生盛情招待了袁学之，两个老同志重逢，分外亲切，当时有些醉醺醺的了，忘记了礼数，袁学之回家后特意补上给小孩的糖果钱和粮票。

【延伸阅读】

领导安源人民开展抗日救亡运动

1938 年 4 月，中共中央根据全国抗战形势需要，从延安中央党校抽派袁学之到安源工作。袁学之是安源煤矿工人，1930 年从安源参加革命的。这是中国共产党与中国国民党第二次合作时期，国共两党摒弃前嫌一致抗日，所以中国共产党可以公开存在，袁学之在安源公开成立了中共安源总支委员会，领导安源人民开展抗日救亡运动。各界群众性的抗日救国组织也相继成立，形成了广泛的民族统一战线，与萍矿一道积极开展各种抗日救国活动。萍乡煤矿整理局专员王野白被推选为安源民族抗敌后援会主任。

在中共安源党组织的领导下，在全国抗日救国的有利形势推动下，萍乡煤矿全体职工群众上下一致，同仇敌忾，努力工作，增加生产，使日产恢复到千吨左右。从 1938 年 3 月到 12 月，仅 10 个月时间，由 1937 年的 16.82 万吨增加到 31.1083 万吨。除满足粤汉铁路、浙赣铁路干线需要外，还保证了国民政府所在地武汉和长沙的用煤，有力支援了抗战。

（摘自《红色安源》，江西人民出版社 1981 年版）

【相关作品】

袁学之和他的《难忘的回忆》

在长沙市马王堆养老院，我见到了革命老人袁学之。

袁学之任湖南总工会主席的时候，我还是一个在校学生。他是老红军，老革命，在我心中是个大领导。那时候我压根儿没有想到，几十年后，我居然有机会为他出版回忆录当责任编辑。这时候，他早已离职休养，连我也已从工作岗位上退了下来。我在疗养院见到他的时候，他虽然有病在身，但精神焕发，仍在笔耕不辍，实在令人佩服。

袁老已是92岁的高龄了，尽管步履蹒跚，耳朵也有点背，但思维敏捷，而且记忆力很强。与他讨论回忆录中的细节，不论事情发生在什么年代，他都记得清清楚楚，而且还能详细地介绍当时的背景。这样好的记性，真叫人吃惊。

1921年，袁学之在安源煤矿当童工，就跟着父兄参加了安源工人大罢工，投身于革命事业。1930 年，他参加了中国工农红军；1932 年，加入中国共产党。在漫长的岁月里，他从江西到延安，从东北到湖南，几乎参与了中国革命的全过程。他的回忆录，写的都是他亲身经历的事情，完全是在以一个当事人的身份见证历史，读来亲切、真实、感人。袁老是个极其认真的人，他写回忆录，总要反复考证，力求真实、准确、可信。一些事情，在过去有不同的说法。例如安源罢工，先说是刘少奇领导的，后来又说是“毛主席到安源”、刘少奇是“工贼”，再后来刘少奇平反了。到底是怎么一回事呢？袁老用他亲身的经历为我们释疑解惑：刘少奇领导大罢工是真的，毛主席到安源也是真的，当时李立三也是安源罢工的组织领导者之一。袁老在回忆录中详尽地写了当时罢工斗争的过程，使人们对这一历史事件有了更多的了解。又如延安的“抢救运动”，陈伯达到底充当了什么样的角色？这股“左”的思潮对我们总结党的历史经验教训有什么启示？从袁老的回忆录中，可以了解到它与我们全党的马列主义水平、群众的民主意识、部分人的投机心理、当时革命所处的形势等方面的因素是息息相关的。如果不是毛主席及时发现问题，纠正错误，“左”的势头还难以遏制。可惜的是，当时这个责任由毛泽东承担了，他的道歉平息了“被抢救者”的怨气，却也掩盖了许多推波助澜者应该承担的责任。袁老所回忆的情况，让我们感叹，感叹后来几十年的历次政治运动的扩大化都与这次未能好好总结教训有关。

王首道曾称赞袁学之是“老矿工、老红军、老延安”。作为老革命，袁老在党的领导下从事革命工作60年，南征北战，出生入死，可谓劳苦功高。他的经历，可说是“中国革命成功的一个缩影”，他的回忆录也就具有了“青年同志、工人群众学习革命传统的参考书”的意义。尤其可贵的是，他从80岁开始写回忆录，直写到90多岁高龄，其间搜寻资料，考证史实，剔瑕除纰，存信写真，真是殚精竭虑，不辞劳苦。

袁老虽然年纪老了，但他对革命的忠心耿耿一点也没有变。他对党的实事求是的思想路线有着深刻的体会和认真的思考。我们在讨论书稿时，他还把有关的材料介绍给我阅读。我一边编他的回忆录，一边思考：历史难道真的是任人打扮的小女孩吗？不，历史之所以有着真实的力量，就是因为有许许多多像袁老这样的当事人，时刻都在以他们的亲身经历给历史作见证。

现在，《难忘的回忆》这本书出版了，我要特别感谢袁老的教诲和指导。祝袁老永远不老！

（摘自《老年人》2001年第3期，作者张先瑞）

王麓水

（1913—1945）

王麓水(1913—1945),原名王崧斌,江西萍乡芦溪人。1927年,加入中国共产主义青年团;1930年,参加中国工农红军;1932年,加入中国共产党。历任湘赣省苏维埃政府秘书,军委警卫班班长,军团保卫局科长,红一军团连政治指导员、团党总支书记、团特派员,红一军团第二师五团特派员、政治委员。抗日战争时期,任八路军第一一五师第三四八旅第六八五团政治处主任、补充团政委、晋西支队政治部主任、教导第二旅政治部主任、教导第一旅政委、鲁南军区政委兼中共鲁南区党委书记、山东野战军第八师师长兼政委。1945年12月,在攻打山东滕县的战斗中牺牲。王麓水牺牲后,董必武、陈毅等同志为其题词。董必武题词:“身是萍乡一雇工,参加革命显英雄,鲁南解放开新局,痛惜滕郊未竟功。”毛泽东同志对王麓水高度评价:“年轻有为,是个将才”。

“责任所在，无法离开”

——王麓水写给母亲的信

母亲大人：

至于家庭的一切，男无时不记及，特别大人和诸兄这样盼望着我，男真难以忍受下去。可是，在此种环境下，路途遥远实在太成问题了。虽然久别十载之家乡，但男终日未忘记过。因为责任所在，无法离开。

致祝健康

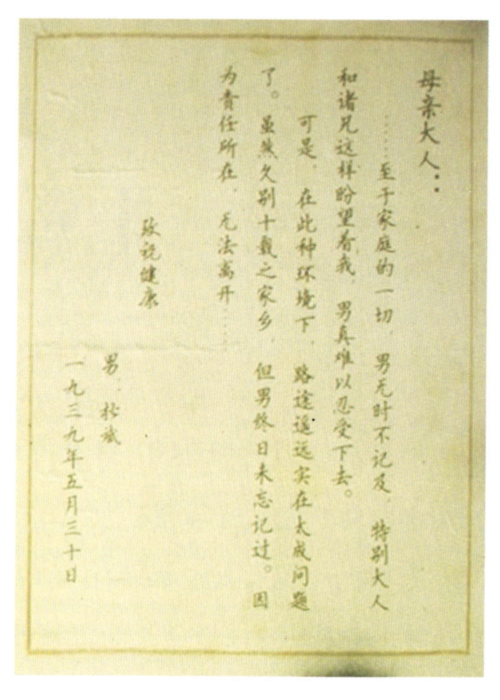

母亲大人：

……至于家庭的一切，男无时不记及，特别大人和诸兄这样盼望着我，男真难以忍受下去。

可是，在此种环境下，路途遥远实在太成问题了。虽然久别十载之家乡，但男终日未忘记过。因为责任所在，无法离开……

致祝健康

男 松斌

一九三九年五月三十日

王麓水书信手稿

男 松斌

一九三九年五月三十日

“望兄得（的）家庭及故乡的一切能够详合”

——王麓水利用战斗间隙写给家中兄弟的信

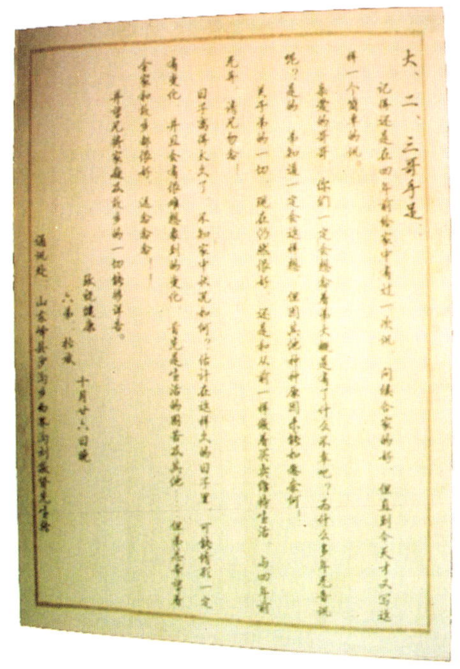
大、二、三哥手足
记得还是在四年前给家中有过一次讯，问候合家的好，但直到今天才又写这样一个简单的讯。
亲爱的哥哥，你们一定会想念着弟大概是有了什么不幸吧？为什么多年无音讯呢？是的，弟知道一定会这样想，但因其他种种原因未能如愿奈何！
关于弟的一切，现在仍然很好，还是和从前一样过着英勇的生活，与四年前无异，请兄勿念！
日子离得太久了，不知家中状况如何？估计在这样久的日子里，可能起了一定的变化，并且会有很难想象到的变化，首先是生活的困苦及其他……但弟在希望着全家和故乡都很好，这希望着！
并望兄将家庭及故乡的一切能够详告。
敬祝健康
六弟 松斌
十月廿六日晚
通讯处 [illegible]

王麓水书信手稿

大、二、三哥手足：

记得还是在四年前给家中有过一次讯，问候合家的好，但直到今天才又写这样一个简单的讯。

亲爱的哥哥，你们一定会想念着弟大概是有了什么不幸吧？为什么多年无音讯呢？是的，弟知道一定会这样想，但因其他种种原因未能如愿奈何！

关于弟的一切，现在仍然很好，还是和从前一样靠着买卖维持生活，与四年前无异，请兄勿念！

日子离得太久了，不知家中状况如何？估计在这样久的日子里，可能情形一定有变化，并且会有很难想象到的变化，首先是生活的困苦及其他，但弟总希望着合家和故乡都很好，远念念念！！！

并望兄得（的）家庭及故乡的一切能够详合。

致祝健康

六弟　松斌

十月二十六日晚

【延伸阅读】

智摆“空城计”，吓退白匪军

秋收起义后，当起义部队刚到莲花县时，国民党反动派的一个团尾随到了萍乡县城，准备第二天经南坑、宗里进攻莲花县城。宗里位于萍乡、莲花两县交界处，拔地而起的崇山峻岭，高峰重叠，山沟里的小道贯穿于萍乡、莲花两县，是通往井冈山的要道。宗里党支部得知敌人将由此经过，立即召开紧急会议，研究对策。

一名党员说:“敌人几千人马，有枪有炮，而我们只有几十个人，只有梭镖鸟铳，怎么来拖住敌人？”大家正苦苦思索时，一个少年站起来说：“我有办法。”

这个少年正是王麓水，当时才 14 岁。王麓水献计说：“孔明摆空城计，迷惑司马懿，我们何不试一试，来迷惑一下敌人。国民党军队初来乍到，人生地不熟，摸不到我们的底细，只要我们虚张声势，就可拖住他们”。大家听了都觉得有理，便采纳了这个建议，商议一番后，即分为两批行动：一批人割电线，砍大树，阻拦道路，切断敌人通讯。另一批人书写标语，大造舆论，标语落款胡乱编造，有的是“萍莲赤卫总队”，有的是“工农革命军第三纵队”。王麓水和识字的同志用笋壳当笔，在墙壁上、电杆上写标语，苦战一个通宵，上至陆公陂，下至南坑，到处都是号召群众打倒白匪的标语。

第二天，南坑等地的百姓打开大门，只见满街都是标语，到处一片惊呼："南坑要打仗了！"霎时，百姓走得精光，纷纷上山躲避，一些土豪劣绅都向县城出逃。

国民党军队到了南坑，见家家户户关门紧闭，满街都是标语，也直打冷颤。黄昏边，匪军进入高步岭峡谷里，匪军团长见两边岩石上写着"打倒国民党反动派！""不要放过一个白狗子！"等标语，立即命令部队停止前进。正在这时，王麓水等赤卫队员在山顶岩石边点燃松树炮，顿时巨大的声浪在峡谷中冲击回响，像千军万马杀奔过来。匪团长吓得发抖，以为中了埋伏，大叫大嚷："不好，中了共军的埋伏，快撤。"几千匪兵像赶鸭子一样，退到南坑去了。过了两天，这团匪兵绕道到莲花，这时，毛泽东率领的秋收起义部队已进入永新，向井冈山胜利挺进。

（摘自《共和国将军传奇》）

出奇制胜，智夺枪支

王麓水家住萍乡长丰乡宗里，是通往莲花县的必经之路。秋收起义部队上了井冈山后，国民党反动势力日益猖狂，大肆捕杀共产党人和革命群众，加紧对井冈山的封锁，妄图困死这支新生的革命力量。为了粉碎国民党反动派的阴谋，打破敌人的封锁，加强与萍乡地下党组织的联系，把起义部队所需物资运往井冈山，来往宗里的革命同志也越来越多，王麓水同志的家便成了萍乡通往井冈山的联络处和落脚点。为了保护这条交通线畅通，壮大人民武装力量，湘赣边区特委决定建立莲花红军独立团，并派安源市委夏益笃和莲花县党的负责人陈竞进、张子铭来组建这支队伍。这时，王麓水同志已是湘赣边区苏维埃政府机关工作人员，担任秘书工作。

1928年冬，夏益笃、陈竞进、张子铭等同志来到麓水家商量从敌人手里夺取枪支，来充实地方武装。国民党反动派为封锁萍乡与莲花的交通，在陆公陂（萍乡与莲花交界处）设立靖卫队，由地主杨良善担任队长，有百余人枪。会上，王麓水同志建议利用莲花赤卫队未被缴去的两条枪，于夜间，采取佯攻的办法，在白铁空油瓶里点燃鞭炮，配合放枪，来迷惑吓唬敌人，乘天黑和敌人混乱之机，攻进楼房去夺取枪支。大家都同意这个办法，当即决定，由宗里挑选30名精壮同志，配合莲花独立团，由王麓水、陈竞进担任指挥，时间选定除夕之夜行动。

杨良善是个养尊处优，不学无术的家伙，有勇无谋，靖卫队又没经过训练，是一伙贪生怕死的乌合之众。除夕这天晚上，靖卫队聚在大厅里，划拳饮酒，寻欢作乐。这时，王麓水、陈竞进带着队伍，把装好爆竹的竹筒和装好鞭炮的油瓶，神不知鬼不觉地运到靖卫队住处周围。当靖卫队的伪兵吃得酒醉醺醺时，王麓水和陈竞进命令赤卫队，点燃鞭炮，顿时“砰砰”“哒哒”像枪炮一样的响声和喊打喊杀的叫声响成一片。突如其来的袭击，使醉得晕头转向的伪兵乱成一团，靖卫队队长杨良善也不知从那里来的大部队，连连叫喊：“红军来了，快从后门撤出去。”堵在后门的赤卫队员看到敌人要从后门逃跑，也一边放枪，一边高喊“缴枪不杀”“红军优待俘虏”。这些伪兵认为真的碰上了红军大部队，便乖乖地放下武器，举手投降。战斗结束，缴获步枪 32 支，子弹千余发。这一胜利，既打击了反动武装的嚣张气焰，又武装了地方红军。有了这批武器，莲花红军独立团于 1928 年 4 月宣告成立，陈竞进同志为红军独立团团长。

（摘自《共和国将军传奇》）

邓贞谦

（1907—1928）

邓贞谦（1907—1928），又名邓中坚，江西萍乡上栗人。1921年，辍学到萍乡县城南当学徒。1923年，考入萍乡中学继续求学。在校期间和同学刘型、陈铁铮（孔原）等筹建进步团体“互助社”（后改名为“策群社”）。1926年，考入北京师范大学。1927年，参加江西农民运动干部训练班学习，同年加入中国共产党。结业后以国民党江西省党部特派员身份回乡活动，建立了党的秘密机关，着手恢复县农民协会，建立萍乡县农协筹备处，并任总务。1927年冬，担任中共安源市委委员和湘关（即湘东、老关的简称）区区委书记，领导萍乡大西路一带的党的工作和农民运动，在斑竹山建立工农革命军直辖第二团，开创萍北工农武装割据。1928年，被敌人逮捕，在萍乡县城英勇就义，时年21岁。

“为国家一苍死，才是革命精神”

——邓贞谦狱中绝笔书

我兄弟五人，出继一人，亲爱无比。今遭此难，止（只）无须着想，望我兄弟及家人等，勿过于悲伤残败一切，以后家务并希二兄努力。某某仅两子在上海均被惨杀，还有许多青年男女莫不因革命而牺牲。总之，不死于病魔，而死于反动政局之下，是死者最痛快的一回事！母亲年老力衰，家中须多多设法劝解，□□乃可多从实际事实着手，如刘树楠、胡兆荣……

中国的革命已经进入一个新的阶段、新的时期了。统治阶级虽尽量地屠杀，可是革命高潮，不但不曾低落，并越发进展了。这可证明民众的心理已经进到要求分配土地、管理矿山工厂等。事实告诉我们，所谓国民党不过是残杀工农的工具，豪绅资产阶级的集团；国民革命军不过是新军阀争权夺利的一种护身符。因此，没有民众拥护，单纯的枪支是靠不住的。尚且无产阶级的兵士们因为认清了自己的地位，时常有反水投降等等好的现象发生。同时，工人因生活不等，欠饷太多，农民受不了豪绅地主阶级的重利益盘剥和反动政府的苛捐杂税，便自动地起来暴动谋本身彻底的解放。

我们知道帝国主义是要靠军阀，要靠反动政府，要靠土豪劣绅

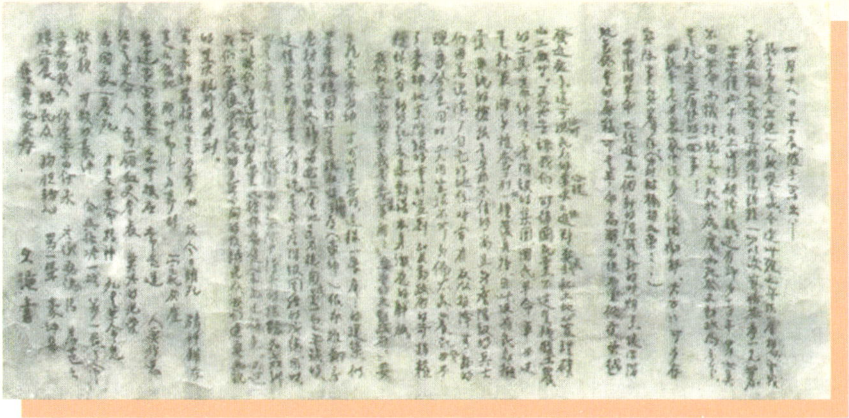

邓贞谦《狱中绝笔书》

才可以生存的，这样一层层的建筑，似乎是很稳固的。可是现在将反动的下层（豪绅）根本推翻，房屋财产没收尽净，它的上层也不稳固这是一定无疑的。这种莫大的力量不消说是无产阶级团结的成绩。同时，也是无产阶级指导机关由实际中得来的经验和教训，所以我们知道民众的力量比枪杆要健全，充实得多。不过我们不要像那些改良派的手段公开地欺骗民众，我们要兑现的坚决执行才对。

…………

为国家一苍死，才是革命精神，活是革命人，死是革命鬼。落一个血表青史，莫大的光荣……

贞谦书

注：这是1928年邓贞谦就义前随手写下的遗书。行刑前，邓贞谦要求敌人用椅子把自己抬去刑场，唱着《国际歌》，高呼“无产阶级联合起来！”“共产党万岁！”在萍乡大西门外从容就义。

【延伸阅读】

“暴动不怕激烈，牺牲要有价值”

邓贞谦，又名邓中坚，1907 年出生于上栗县彭高镇华源台的一个贫苦农民家庭。邓贞谦从读小学开始，就养成一种刻苦学习的好习惯，加上他聪敏好问，记忆力特别强，学习成绩一直名列前茅。

1923 年秋，邓贞谦考入萍乡中学。当时，正值萍乡安源煤矿的工人运动蓬勃高涨。特别是毛泽东同志亲自来到安源以后，安源的 12000 多名路矿工人发动的罢工斗争，取得了一个又一个胜利。安源工人运动的蓬勃发展，也给萍乡地区的学生和农民以深刻的影响和巨大的鼓舞。

邓贞谦在萍乡中学学习期间，经常和孔原、张国庶、刘型等进步青年学子一起，积极组织全校的爱国学生运动，参与筹建了进步学生团体“互助社”(后改为“策群社”)。邓贞谦经常组织学生听安源工人的革命演讲，开展革命宣传活动，把全校一大批进步青年学子团结到“策群社”周围。

1926 年秋，正当北伐战争节节胜利、全国的革命形势空前利好时，邓贞谦从萍乡中学毕业，考入了北京师范大学。但接受了革命思想的邓贞谦，面对国民党军阀混战给中国人民带来的深重灾难，为了挽救中华民族的危亡，1927 年暑假后，他毅然放弃了读大学的机会，全力投身于革命洪流，从事人类解放的伟大事业。

邓贞谦来到南昌后，根据党的指示，以特派员的身份回到萍乡从事农民运动。

1927年春，萍乡的反动势力勾结湖南的反动军阀进犯萍乡，先后在湘东杀害共产党员和民众30余人，并捣毁县总工会、县农会等革命团体，残忍地杀害了共产党员、萍乡县民选县长罗运磷。6月5日，敌军又窜入安源，杀害中共安源市委书记刘昌炎、市委委员周怀德等同志，这就是萍乡历史上著名的“六五”事变。在这次事变中，萍乡有40多名共产党员和革命者被国民党反动派杀害，被捕的革命群众有100余人。整个萍乡地区的革命团体和党的组织受到了严重破坏。

面对反动势力疯狂屠杀的白色恐怖，邓贞谦不顾个人安危，克服重重困难，秘密与萍乡的党组织取得联系。经过一段时间的暗访联络和发动，他在萍乡东门伞铺里建立了党的秘密活动机关，开始了紧张的革命活动。首先是积极恢复在“六五”事变中被反动势力捣毁的萍乡县农民协会，成立了筹备委员会，并亲自负责后勤总务工作。同时邓贞谦还利用伪县长傅作霖要他主办《新萍周刊》的合法身份，进行广泛的社会联系，积极发展党的组织，吸收政治上可靠的先进工人、农民和青年入党。

1927年12月5日，在中共安源市委召开的扩大会议上，年仅20岁的邓贞谦被推选为市委委员。年底，又被安源市委派往萍乡湘东区担任区委书记。

与此同时，邓贞谦通过办刊结识了驻扎上栗市的伪靖卫队队长胡启图，安插共产党员、共青团员到该队当兵，并于 1928 年 1 月发动兵变，一举夺得四五十支枪，在斑竹山建立了工农革命军直辖第二团，开创了萍北的工农武装割据，建立了斑竹山革命根据地。同期，他又到东桥，代表中共安源市委正式接管小西区党组织和工农武装，指导建立了萍醴游击营。

此后，邓贞谦的身份暴露，《新萍周刊》遭封查，邓贞谦便常来往于宜春西村和萍乡宣风、湘东各地，发动农民建立武装，开展游击战争。

邓贞谦在担任湘东区委书记的同时，还兼负了安源市委与井冈山根据地的联络任务。从萍乡到井冈山，要爬山越岭，穿云走雾，不仅要经受崎岖山路的艰难困苦的考验，更重要的是要冒着生命危险，越过敌人的岗哨。邓贞谦克服了一道道难关，一次又一次往返，护送密件，接送来往的革命同志，并多次见到毛泽东。

1928 年 4 月上旬的一天，邓贞谦来到了井冈山茨坪，他将萍乡地区开展工农武装斗争，特别是上栗斑竹山起义失败的一些情况向毛泽东汇报。毛泽东指示邓贞谦，既要大胆发动群众，又要讲究斗争策略，不要盲目行动，一定要注意保护人民群众的革命热情。同时让邓贞谦带了一些黄金下山，作为党的活动经费。

就在邓贞谦从井冈山返回萍乡路过南坑的街头时，突然从巷道窜出几十个靖卫团的士兵，将他毒打一顿后，押送到县城监狱。邓贞谦早已将个人的安危置之度外。被捕以后，他料定自己难以活着出去，所以，不管是敌人的花言巧语，还是严刑拷打，总是泰然自若地一笑了之。

邓贞谦在监狱的墙壁上挥笔写下了“暴动不怕激烈，牺牲要有价值”和“坚决执行土地革命，彻底消灭统治阶级”两副对联。

1928 年 6 月 8 日，是邓贞谦罹难的日子。从监狱到刑场，邓贞谦不肯走路，他让国民党反动派抬着他在萍乡街上转一圈。国民党反动派毫无办法，只好用一张大竹椅子，由靖卫团的两个士兵抬着他，游遍了萍乡城的东西南北四门，最后被杀害在大西门城外。

（摘自中国萍乡网《邓贞谦个人事迹》）

肖保璜

（1904—1931）

肖保璜（1904—1931），化名昌年、长玲、陈玄，江西萍乡上栗人。1924年，考入北京大学。1926年，因病弃学回家，任萍乡中学教员，参加革命团体“互助社”。不久，加入中国共产党，任中共萍乡特别支部委员，并受党的委派，担任国民党萍乡县党部常委、宣传部长，创办《萍乡工农报》。1927年2月，被选为县农协委员，组织发动农民开展减租减息、清仓平粜、打倒土豪劣绅的斗争。大革命失败后，参加八一南昌起义。1928年4月，到上海，任上海总工会秘书，1929年，到中共江西省委宣传部工作。1931年党的六届四中全会后，调任中共中央机关报《红旗日报》主编。同年7月，因叛徒出卖，被租界工部局逮捕；8月，在上海龙华英勇就义。

肖保璜给老师的口信

我相信共产主义，今生今世始终不会改变！生活即使再艰苦些，我也能忍受下去。请你转告老师，谢谢他的关怀。

注：1931 年 7 月 27 日，肖保璜被捕入狱后，有一位很要好的老师，听说他生活有困难，就托人捎信给他，要他脱离革命，就可以帮他找一个舒适的工作。肖保璜听过之后，斩钉截铁对捎信人说了这段话，请他转告老师。

肖保璜给妻子陆若冰的家信（节选）

我已被捕，你不要挂念。我知道你平时对同志们的安危是很关心。我现在很好，请你不要担心。

注：1931 年 7 月下旬，曾在《红旗日报》印刷厂工作过的胡某叛变，向敌人告密，出卖了报社有关机构和肖保璜等人的住址。国民党当局立即会同租界工部局前来搜捕。7 月 27 日清晨，肖保璜在住所突然听到外面人声嘈杂，情况异常。他透过窗户看到一批特务和警察已经包围住房，立即撤掉挂在窗口作示警暗号的一串辣椒，紧急处理了一些文件。冲上来的特务只搜到几份报纸文稿和一些书刊。肖保璜被捕当天即被引渡到国民党淞沪警备司令部，先关在侦缉队，后押解到龙华司令部军法处看守所。敌人从叛徒那里了解到肖保璜是中共中央机关报刊《红旗日报》的主编，共产党的“要犯”，对他严刑拷打，并以死威胁，但肖保璜坚贞不屈，始终没有暴露任何情况。肖保璜身陷囹圄，估计难以脱险，便托人带信给妻子陆若冰。

【延伸阅读】

立志要做的事，不达目的决不罢休

肖保璜性格坚毅，具有一种锲而不舍的精神。凡是他立志要做的事情，不达目的决不罢休。中学期间，由于他广泛阅读了进步刊物，又经过革命斗争的洗礼，拓展了视野，因而对新思想新文化的先驱者李大钊等人很是崇拜景仰，对新思想的发源地北京大学非常向往。于是，他立志要去北京大学读书，以便能使自己亲耳聆听到李大钊等领袖人物的教诲。1923 年，他中学毕业，即报考北京大学，不料北大没录取他，却被北京法政大学录取。但他毫不气馁，决定放弃法政大学，继续补习，准备第二年再考。他叔父得知这一消息，即来信劝他不要失去升学的机会。他回复说："人各有志，不能勉强，就如你在家务农一样。虽然种田和种菜同样是务农，但您却不会丢掉田不作而去种菜。我虽然考取了法政大学，但我的志向是上北京大学。我今年没考上，明年一定能考上。"就这样他留在北京，一面教书，一面补习。翌年，他果真被北京大学预科语文系录取了，而且是公费。

为了打击土豪劣绅的嚣张气焰，1926 年 10 月，在李味农、肖保璜等的主持下，萍乡各公法团体在大西门联合召开了有万余民众参加的大会，公审了恶霸地主叶紫屏。肖保璜在会上发表了讲话，痛斥土豪劣绅对革命运动的诬蔑诽谤，宣布了恶霸叶紫屏的十大罪状，当众宣布判决叶紫屏死刑。这时全场欢呼雷动，与会者无不拍手称快。之后，又没收了叶家的财产。这些斗争活动推动了萍乡工农运动深入发展。

枪毙叶紫屏后，萍乡的土豪劣绅对革命怕得要死，恨得要命，扬言要对肖保璜进行报复。肖保璜的叔父和刚结婚不久的妻子对他很是担心，劝他不要出头露面。还有些不明真相的人来质问肖保璜为什么要杀叶紫屏等人，肖保璜理直气壮地说：“杀叶紫屏，人民拍手称快，他的十条罪状条条是事实，像这样的恶霸不杀，那还叫什么革命。”

（摘自《萍乡英烈谱》，江西人民出版社 2010 年版）

彭树敏

（1897—1926）

彭树敏（1897—1926），字蒲前，江西萍乡湘东人。1915年，毕业于萍乡中学。五四运动后，赴北京法文专修馆补习法语。1920年，赴法国勤工俭学。1922年，加入旅欧社会主义青年团，积极参加当地各项革命活动。1924年，加入中国共产党。同年秋，被派往莫斯科东方劳动大学学习。1925年，五卅惨案后，奉调回国，受到中共中央总书记陈独秀接见，被分配到江西安源从事工人运动，负责宣传教育工作。1926年初，调至郑州，从事郑州铁路工人运动，以后又去天津从事军运工作，后又调到北京从事党的地下工作。同年7月，被派回江西九江为策应国民革命军迅速前进进行秘密活动。同年9月，被反动军阀拘捕入狱。9月18日，敌人以谋反叛逆、捣乱国政的罪名将他惨杀于浔阳江畔。

彭树敏给家里的口信

我已为国捐躯，不孝罪大。然忠孝不能两全，请老父善自珍重，继母在堂亦同。侄儿辈，量彼心性，当读者读，当耕者耕，莫失祖先遗风。绅侄要出洋，我已托密友介绍入党。各兄弟中有灵敏侄儿，把一个传我后，要读书，继我志，各弟念在手足之情，谅必为我做到。

注：被捕后，彭树敏自知在世之日有限，遂口述遗嘱，请监狱难友彭冰生捎信转告家中。

【延伸阅读】

坚贞不屈，英勇就义

彭树敏，1897 年 6 月 4 日出生于一个贫苦农民家庭。1903 年，彭树敏开始上学。1911 年，考入萍乡县立中学。1915 年，毕业。由于家庭经济困难，学费无着，无法继续升学。随后，只好就读于外祖父家之私塾，学习“四书五经”。彭树敏自小就很喜爱阅读各种书籍，所以深受新思潮的影响，萌生了忧国忧民的思想。特别是俄国十月革命和中国五四运动，激发了他的爱国热忱，不由产生了出国留洋学习科学的想法，以遂报国救民之愿。鉴于旅法勤工俭学学生经济困难，江西旅法勤工俭学学生会在彭树敏的倡议下，联名向江西省政府请求拨款救济。1922 年初，旅法勤工俭学学生终于获得江西省政府拨给的一笔救济款。

在圣乃德做工的同学领到救济款后，陆续经由留法勤工俭学总会介绍，进入各地学校工读，彭树敏则留在巴黎工读。

1922 年 7 月 11 日，彭树敏加入旅欧中国社会主义青年团。1924 年，中共旅欧支部批准彭树敏转为中国共产党党员。1924 年 9 月，中共旅欧支部决定从留法勤工俭学学生中选派一批党员、团员去苏联学习。江西籍的彭树敏、傅烈、饶来杰 3 人和聂荣臻、蔡畅、穆青等 27 人，从巴黎出发，经柏林、汉堡，渡过波罗的海，到达苏联的列宁格勒。10 月，进入莫斯科东方劳动者共产主义大学中国班学习。在中国班学习的还有罗觉、陈延年、王若飞、叶挺、刘伯坚、朱克靖、熊雄、肖复之、袁玉冰等人。

彭树敏在东方劳动者共产主义大学学习期间，认真钻研马列主义基础理论和国际共产主义运动史、俄国十月革命史，受到系统的马克思列宁主义的理论教育。

彭树敏还积极参加学校中共党组织的活动，认真完成党组织交给的任务，并积极参加对外联络活动，向日本、朝鲜、越南等国的同学了解他们国家工人运动和民族革命的进展情况，帮助他们联系本国斗争实际学习革命理论，与他们建立了亲密的关系。

1925 年上海五卅惨案后，国内革命运动风起云涌，迫切需要干部。彭树敏、黄镜、饶来杰等 5 人奉命回国，参加国内革命斗争。他们从莫斯科起程，经海参威到达上海，受到中共中央总书记陈独秀的接见。随后，彭树敏被派回江西，到安源从事工人运动。

在安源，彭树敏主要做宣传教育工作。他灵活运用学到的马列主义理论，精心研究安源工人运动发生和发展的斗争实际。在全国工人运动再度兴起，安源工人运动面临官僚买办、军阀联合进攻的关键时刻，他和安源党组织及其领导一起竭力工作，引导工人采取灵活的斗争策略，退却防御，积蓄力量，待机再起。1926 年初，彭树敏奉调离开安源到郑州，从事铁路工人运动。

1926 年，在北伐军攻克湖南后，于 9 月初向江西萍乡、宜春一带进军。为了声援北伐，党组织派彭树敏到九江工作。9 月初，彭树敏到达九江，寓居九江河街春和客栈，以照相营业为掩护，秘密进行革命活动。

不料，北洋军阀孙传芳部密探早已侦悉熊好生等人正在组织南浔铁路工人罢工，遂于9月11日深夜将熊好生家团团围住。适逢熊好生因事外出未归，在场的只有彭树敏和南浔铁路工会会员杨家洪、彭冰生3人。一些有志之士曾想方设法保释其出狱，但反动军阀为镇压一切反抗力量，拒不同意保释。

彭树敏自知在世之日有限，遂口述遗嘱，请监狱难友彭冰生捎信转告家中："我已为国捐躯，不孝罪大。然忠孝不能两全，请老父善自珍重，继母在堂亦同。侄儿辈，量彼心性，当读者读，当耕者耕，莫失祖先遗风。绅侄要出洋，我已托密友介绍入党。各兄弟中有灵敏侄儿，把一个传我后，要读书，继我志，各弟念在手足之情，谅必为我做到。"

9月18日，反动军阀以"谋反叛逆，捣乱国政"的罪名，将彭树敏枪杀于浔阳江畔。彭树敏就义时，历数军阀罪行，大呼："打倒军阀！打倒帝国主义！国民革命成功万岁！"军阀杀害彭树敏后，剖开心腹，割下头颅，悬挂于九江闹市示众。

10月，北洋军阀杀害彭树敏的消息传到萍乡，萍乡各界在彭树敏家乡腊市万寿宫举行了有数千人参加的追悼会。中共安源地委书记刘昌炎参加吊唁，并撰挽联一副："记苏联同学，郑州共事，君愿努力革命，报党报国，早存斯志；痛帝国侵凌，军阀横行，吾侪健全分子，而今而后，又弱一人。"表达了萍乡各界人民对彭树敏为革命英勇献身的崇高敬意和深切悼念。

（摘自《萍乡英烈谱》，江西人民出版社2010年版）

贺国庆

（1899—1929）

贺国庆（1899—1929），江西莲花人，1926年参加革命，曾任赤卫大队中队长，红色独立团连长，同年加入中国共产党。1927年大革命失败后，贺国庆冒着生命危险保存了一支枪。为了保存这支枪，贺国庆的家人惨遭敌人杀害。“莲花一支枪”凝聚了革命力量，后来发展成了红色独立团，为井冈山革命根据地的创建作出了重大贡献，受到了毛主席的称赞。贺国庆同志在1929年的一次战斗中英勇牺牲，为红色政权的建立献出了宝贵的生命。

贺国庆临终前给战士严如芬的遗言

我没有什么遗产，这支枪是我用生命保存下来的，交给党，让它继续去消灭敌人吧！

注：1929年春，在攸县新漕泊的一次战斗中，一颗流弹击中了贺国庆的小腹。贺国庆流血不止，昏迷数次。弥留之际，他把自己保存下来的一支枪交给身边的战士严如芬，并留下遗言。

【延伸阅读】

莲花一支枪

1926年，在湖南农民运动的推动下，莲花掀起了轰轰烈烈的工农革命运动。全县8个行政区136个乡都成立了农民协会。县城成立了总工会。与此同时，还成立了工农革命自己的武装力量。在莲花上西区的农民自卫团，有这样一个传奇式的人物，他长得身材高大，体格健壮，性格耿直，疾恶如仇，他就是曾痛打过下乡抓丁派款的北洋军士兵、当地豪绅见了无不胆战心惊的农民自卫团纠察队队长贺国庆。

当时在莲花县城还有保安队，保安队和自卫团共有60多条枪，工农武装成立后，即协助工会组织与农会一同保障工农利益，抓捕破坏工运的资本家游街示众，强迫土豪劣绅减息，平仓清谷等等。受到了贫苦工农的热烈欢迎。但是，城乡豪绅却都怀着刻骨仇恨，他们像毒蛇一样等待着机会反扑。

工会县城打资本家，贺国庆也带领着他的纠察队（又有人叫黑杀队），专打财主家，白天生产劳动，晚上就秘密行动，可谓神出鬼没。也有好多次公开把土豪劣绅抓起来游行，这样不仅沉重地打击了贪官污吏，声张了贫苦农民起来革命的声势，更是大灭土豪的威风。同时莲花的陈竞进、王佐还先后在上西区举办了夜校，发展党组织，贺国庆也是在这个时候由陈竞进介绍加入中国共产党的。打土豪分田地，莲花的农民运动搞得热火朝天。在那些艰苦斗争的岁月里，莲花人民对贺国庆等共产党员都非常信任。因为他们爱憎分明，平易近人，更是因为他们坚决地执行了毛委员的革命思想，配合工人运动，组织农民起来革命，莲花各乡各村的农民协会，在党组织的秘密组织领导下，很快壮大起来了。

可是到了 1927 年，蒋介石在上海发动“四一二”反革命政变，白色恐怖也开始笼罩在莲花上空。这时莲花县的反动地主武装在大土豪李成荫的带领下与县城反动武装靖卫队勾结在一起，袭击工会、农会和县党部等机关，疯狂镇压共产党人和革命群众。他们以维持地方治安为由，提出成立靖卫队，要农军交出枪支。莲花县委的少数领导在右倾思潮的影响下，以为交了枪就可以换得和平，结果把农军的 60 支枪交出了 59 支，还剩下一支，就是贺国庆保管的那支“俄国造”步枪（也就是毛泽东后来在《井冈山的斗争》一文中所赞扬的“莲花一支枪”）。

工会与农会的参战枪支几乎全部散失，身为莲花县工人纠察队领导人的陈朝湘也叛变革命了，在这种革命最艰难最困苦的时刻，总会出现两种人，一种是叛徒，另一种就是真的猛士。

敌人大声叫嚣着“凡是可以杀的，一律杀，宁可错杀，不可错放”，大肆抓捕农会干部。而保存莲花农会唯一一支枪的贺国庆更是敌人抓捕的首要重犯。说起莲花这支枪，还是当时莲花县农民自卫军参加会攻永新县城营救革命同志的战斗中，贺国庆率领一支小分队率先冲上城楼并击毙哨兵，所缴获的一支崭新的“俄国造”步枪。战后组织上要奖励他，他却极力拒绝，只要了这支崭新的“俄国造”

步枪。第二天，自卫军决定把这支枪交由他使用。

当贺国庆听说在敌人的软硬兼施下有部分莲花党组织的成员动摇了，同意交出农会与保安队的枪支的消息后，他的肺都气炸了！趁着敌人不注意，他携着枪溜回了家。贺国庆想，只有保住枪杆子，才能保住命根子。为了保存方便，他把枪拆成三部分，分别埋藏在贺家祠堂的神牌中，凤尾树下和龙山岩里。后来看看还是不安全，又把枪转移到湖南攸县石桥乡的一个薯窖中，自己则留在石桥，养了一群鸭，装着看鸭子，秘密照看这支枪。

找不到莲花最后一支枪让敌人十分恼火，虽然他们咬牙切齿地要把这支枪搞个水落石出，可是贺国庆的隐藏工作做得很好。但是让贺国庆万万没有想到的是，在动摇分子和叛徒的告密下，国民党莲花县县长李宝忠不仅为了这支枪大杀革命同志，而且找出了贺国庆的家人。先是对贺国庆的老父亲进行迫害，但老人死也不说出枪和儿子的下落。穷凶极恶的敌人最后无计可施，将面对严刑而面不改色坚贞不屈的老人用棉絮包扎，浇上煤油，活活烧死，接着又杀死贺国庆的弟弟，母亲也被迫远走他乡。为了这一支枪，贺国庆一家付出了沉重的代价。

黑夜终将过去。不久，上级党委指示，莲花县委重新组织赤卫队，陈竞进任团长。虽有 100 多人，但大部分人的武器是红缨枪。这时，由贺国庆保存的那一支枪成了这支部队最重要的武器。在赤卫队成立的第二天，躲藏在攸县的贺国庆赶来与陈竞进团长商量把藏下的那支枪取出来，准备武装力量以响应秋收暴动，以实际行动迎接毛委员带领的秋收起义部队进入莲花扫除障碍。于是他们拟定在 9 月 18 日攻打陈朝湘带领的靖卫团，向在莲花的国民党反动派打响第一枪。

9月18日，陈朝湘带领他的靖卫团向九都村开来，要清剿赤卫队。这时苏广明、王仁妹、苏国贞、杨潘和陈建等5名赤卫队员奉命化妆打入了靖卫团内部，他们事先把敌人行动的计划报告了陈竞进团长，等待敌人来上钩。情报十分准确，敌人按时而来，贺国庆那支步枪首先向敌人开了火。苏广明等五同志也调转枪口射杀敌人。霎时间枪声，杀声响成一片，陈朝湘晕头转向，摸不清赤卫队的底细，急忙下令把部队撤回县城。这一仗缴获敌人11支枪，加上苏广明等人带回的6支枪（王仁妹还拿了别人的一支枪），全团从一支枪发展到17支枪，毛泽东的秋收部队到了井冈山后，又发给莲花赤卫队一部分枪支，莲花赤卫队发展成“莲花县红色独立团”，陈竞进为团长，刘建绪为党代表，贺国庆任连长。

1928年春节，莲花县委负责人朱亦岳写了一副对联称赞贺国庆捍卫一支枪，保卫革命火种的革命壮举。上联是“一根钢枪开辟红色地区在今岁”，下联是“万民团结推翻黑暗统治属当年”。到1928年11月，莲花独立团发展到300余人，有枪220支，成为井冈山革命根据地一支重要武装。

1929年春，在攸县新澧泊的一次战斗中，一颗流弹击中了贺国庆的小腹，流血不止，昏迷数次。弥留之际，他把自己的枪交给身边的战士，说：“我没有什么遗产，这支枪是我用生命保存下来的，交给党，让它继续去消灭敌人吧！”

（摘自《萍乡英烈谱》，江西人民出版社2010年版）

钟邦武

（1907—1930）

钟邦武（1907—1930），江西萍乡湘东人，出生于一个普通农民家庭。1923年高小毕业后，考入萍乡中学。在校品学兼优，在安源工人运动的影响下接受革命思想，于1924年初加入中国社会主义青年团，是萍乡县城最早的团员之一。同年春，青年团安源地委在萍乡中学建立团小组，被选为团小组长。1925年春，团小组扩充为支部，又被推选为团支部书记。1925年5、6月间，被吸收加入中国共产党，受中共萍乡特别支部领导。1926年上半年，由国共两党组织的萍乡县党部成立，担任县党部执行委员、宣传部长。1927年6月，因遭到反动当局通缉，被迫离开萍乡，到南昌青年团省委工作，并于同年8月1日参加中国共产党领导的南昌起义。起义失败后，只身来到上海寻找党的组织，不幸被国民党反动派逮捕。先囚禁于上海，不久转至苏州，后又被押解至杭州。1930年，在杭州监狱病逝，时年23岁。

“我们不能属服于任何恶势力之下”

——钟邦武狱中诗信

这么一个社会，像一片布满了荆棘、洒遍了臭水的荒土，而孤梗的我，不会卖笑，不会讨好，这样又怎不会全身刺满、遍体鳞伤呢？……我们不能属服于任何恶势力之下，如有加害于我们者，誓将忧愁之泪水换为猛烈之巨焰，以反抗之！这就是我们的出路，我们的宣言！

【延伸阅读】

战斗中的钟邦武

1924年，钟邦武根据团组织的指示，在萍乡中学创建了“互助社”（不久更名为“策群社”）。钟邦武与张国庶、孔原等青年团员和学生会干部一道，在各学校发起组织学生联合会，开办工人子弟学校，积极宣传反帝反封建的革命思想，开展抵制日货、英货的反帝运动，发起组织国民会议促成会。由于工作积极，表现突出，1925年5、6月间，钟邦武被吸收加入中国共产党。同年9月21日凌晨，汉冶萍公司总经理盛恩颐勾结北洋军阀武装封闭安源路矿工人俱乐部后，钟邦武组织萍中学生接应和保护安源工人运动骨干。同年10月16日，安源路矿工人俱乐部副主任黄静源在安源惨遭杀害。安源工人冒险抢出烈士遗体，钟邦武组织萍中学生为之策应，并与工人一道将烈士的遗体安全运出萍乡。萍中学生和手工业工人还分别举行追悼会，悼念黄静源烈士，声讨北洋军阀的暴行。

1926年上半年，由国共两党组织的萍乡县党部成立，钟邦武担任县党部执行委员、宣传部长，和张国庶、孔原等同志一道领导萍乡的工农革命运动。此时，恰逢北伐军进驻萍乡。钟邦武一面组织党团员发动群众慰问北伐军，一面参与各种群众团体的组建工作。到 1927 年，萍乡县各行各业都建立了民众团体。钟邦武先后担任县总工会执行委员兼宣传部长、县农民协会执行委员、县工人子弟学校校长、县教职员联合会委员、县儿童团团长等职，成为萍乡革命运动的主要领导人之一。

1927 年 6 月，湖南反动军队进犯萍乡，捣毁县党部、县总工会和县农民协会，大肆逮捕和屠杀共产党员和革命群众，制造了“六五”事变。钟邦武因遭到反动当局通缉，被迫离开萍乡，到南昌青年团省委工作，并于同年 8 月 1 日参加中国共产党领导的南昌起义。

起义失败后，他只身来到上海，找到了党的组织，被留在上海工作。有一天，他在上海大剧院看戏时，被原同班同学、国民党特务周义之认出，不幸被国民党反动派逮捕，先囚禁于上海，不久转至苏州，后又被押解至杭州。在狱中，他受尽了敌人的种种酷刑，始终没有屈服。他的左脚因遭受重刑而溃烂，由于得不到及时治疗而生蛆，被狱医从膝盖以下截去。残忍的刑罚，增强了他对国民党反动派的切齿痛恨；恶劣的生活，磨砺了他坚强的革命意志。他多次从狱中寄信邮诗回家，以安慰父母和家人。1928 年，他在家信中写道：“这么一个社会，像一片布满了荆棘、洒遍了臭水的荒土，而孤梗的我，不会卖笑，不会讨好，这样又怎不会全身刺满、遍体鳞伤呢？……我们不能属服于任何恶势力之下，如有加害于我们者，誓将忧愁之泪水换为猛烈之巨焰，以反抗之！这就是我们的出路，我们的宣言！”这字里行间，充满着恨与爱的真挚情感，燃烧着抗争的怒火！这就是一个共产党员真正的革命宣言！

由于反动派的不断折磨，钟邦武左腿被锯的伤口继续溃烂生蛆，于 1930 年在杭州监狱病逝，时年 23 岁。钟邦武在党的教育和培养下，为开创萍乡早期革命活动，为中国革命事业献出了年轻的生命。他的英雄事迹将永远激励着我们为建设中国特色社会主义而努力奋斗！

（摘自《萍乡英烈谱》，江西人民出版社 2010 年版）

贺云卿

（1915—2004）

贺云卿（1915—2004），江西莲花人。1929 年，参加中国工农红军。1931 年，加入中国共产主义青年团。次年加入中国共产党。参加了长征，曾任中央军委卫生部第二后方总医院司药主任，第一方面军兵站医院第一所所长，第十五军团团卫生所所长，晋察冀军区分区、冀晋军区卫生部部长。1952 年，毕业于中国医科大学公共卫生系，后历任辽西省、吉林省卫生厅厅长，白求恩医科大学党委书记兼校长，吉林省第五届政协副主席。

“咱们家都是党员，孩子结婚一定要节约”

——贺云卿写给儿女的信

东海、江川：

你们好，大兵年龄也该成业立家，爸爸没有什么遗产，房子和车子都是国家的公产。

咱们家都是党员，孩子结婚一定要节约。不要别人批评我们为孩子结婚大操大办，保持我党我军光荣传统。

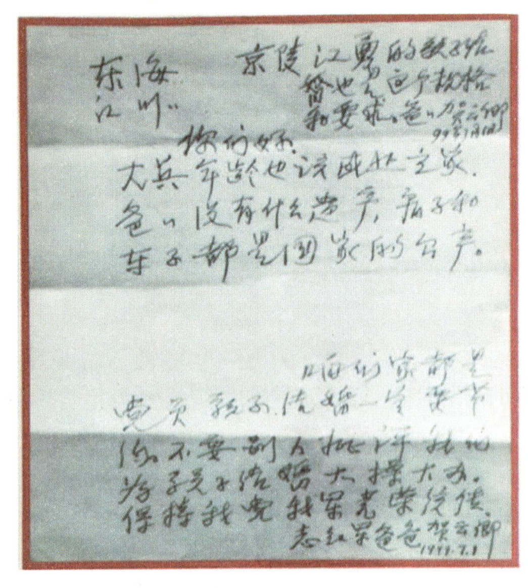

东海
江川：
京陵江勇的孩子结婚也是这个规格和要求。爸爸 贺云卿 99.7.1
你们好
大兵年龄也该成业立家。
爸爸没有什么遗产，房子和
车子都是国家的公产。
咱们家都是
党员孩子结婚一定要节
约不要别人批评我们
为孩子结婚大操大办。
保持我党我军光荣传统
老红军爸爸 贺云卿
1999.7.1

贺云卿书信手稿

京陵、江勇的孩子结婚也是这个规格和要求。

老红军爸爸 贺云卿

1999年7月1日

“爸永远是老红军战士”

——贺云卿写给儿女的信

京陵、江勇、小兵：

你们高兴回到长春爸爸家过 2003 年春节，我非常满意。

军人一切行动听指挥，假期到了，祝你们顺利而归。

1. 学习十六大精神，努力完成工作任务，全心全意为人民服务，为建设小康作贡献。

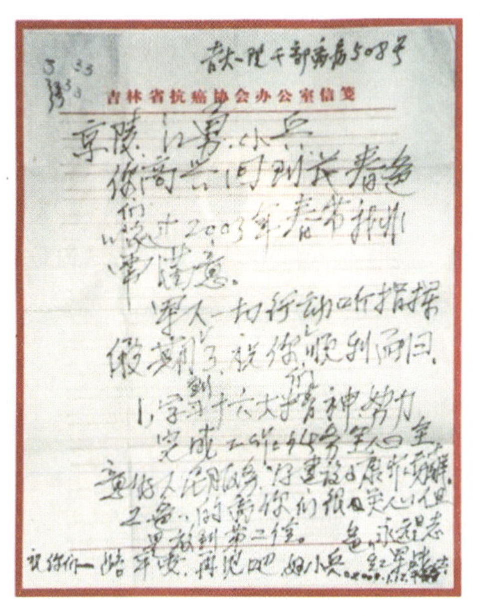
吉大一院干部病房508号
吉林省抗癌协会办公室信笺

贺云卿书信手稿

2. 爸爸的病你们很关心，但是放到第二位。

祝你们一路平安，再见吧，好小兵，爸永远是老红军战士。

2003 年 1 月 12 日于长春

（吉大一院病房 508 号）

刘礼年

（1915—1938）

刘礼年（1915—1938），江西莲花人，从小参加革命。1928年，参加工农红军，同年加入共青团，后转为共产党。1930年，在红军学校学习。1934年，参加长征。抗日战争任八路军三五九旅七一七团政委。1938年3月31日，刘礼年随部队开赴山西宁武县抗日前线，在一次巡视阵地时，被日军炮弹击中头部，壮烈牺牲，时年23岁。

“此时我正在向敌人冲锋”

——刘礼年战前写给大哥的信

大哥：

半年来未通讯了，弟现在八路军（即原红军改编的）服务，现在国共合作成功了，我军队伍开到晋北抗日最前线打日本，打了几个月了，打了许多胜仗。此时我正在向敌人冲锋，因此不能多写，详情以后再告。

四弟 礼年

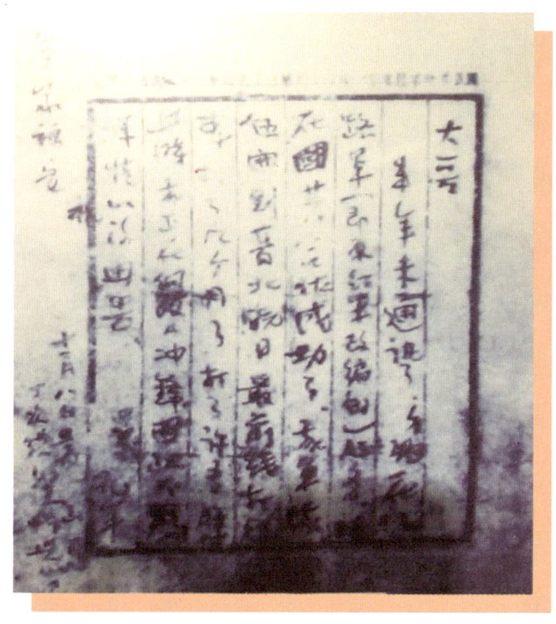

刘礼年战前写给大哥的信

【延伸阅读】

“勇敢上前线，努力杀敌人”

“勇敢上前线，努力杀敌人”，这是红军战士刘礼年的大哥勉励他参军的话。由于不甘心受帝国主义和封建主义的剥削压迫，刘礼年13岁就参加了红军，他牢记大哥的嘱咐，在革命的队伍中英勇奋战，屡立战功。从长征途中到抗日前线，由一个红军少年成长为工农红军的年轻指挥员。

刘礼年是莲花县路口乡人，1915年生。1928年参加红军，那时他不仅年龄小，个子也矮，挎短枪还打在小腿上。战士们都叫他“小鬼”。连长初见他，就对排长发脾气，说：“上级怎么搞的，收这么个孩子来当红军？”但是过了3个月，对他熟悉了，又觉得这孩子聪明伶俐，办事稳重，很有主见，所以很多事都乐意交给他办，甚至重要事情也找他商量。

刘礼年在部队进步很快，14岁当连指导员，16岁当团政委，17岁任师政治部主任。他作战勇敢，冲锋陷阵，如猛虎下山，威不可挡。作为指挥员，却又有勇有谋，在没有充分把握之前，决不任性轻敌。有一次，部下一位连长见刘礼年年纪轻轻就担任部队领导职务，认为他只是侥幸获得提升罢了，决没有什么实际本领。但当接触敌人时，见刘礼年沉着冷静，指挥若定，从容带领部队打垮了敌人的进攻，这才真的佩服他。1937 年，刘礼年所在部队由一个军缩编为一个团，叫七一七团，是个有 4000 人的大团。10 月份，团政治委员（原叫政宣局主任）刘道生调走，由刘礼年接任七一七团政委。

刘礼年不仅作战英勇，而且能文能武，工作能力强。长得又很英俊，会搞文艺，还会编歌曲。长征途中，不管炎热酷暑，还是天寒地冻，他总是走在队伍前头。为了鼓舞掉队的战士赶上队伍，他总是根据当时当地的具体情况，编出各种鼓动口号，以及快板、歌曲等，交给宣传队去宣传。每次歌曲编出后，先教政宣局的同志，然后几个人分头到连队去教。有一天晚上，天气很冷，几个负伤的同志没有赶上队伍，大家都垂头丧气，没有劲头再赶路了。突然其中有一位说："你们听，谁在唱我们刘政委编的红军歌曲呢？"于是片刻间大家精神都振作起来了，几个人唱着歌，继续往前赶，不久就发现了篝火，找到了队伍。这虽然是一个故事，但也可以说明刘礼年的宣传工作在当时是很有成绩的。刘礼年身体本来就很单薄，以后在一次战斗中又中了弹，子弹穿过脸部，留下一个疤，留下后遗症，日夜发寒发热。但他有股拼命精神，为了革命甘愿吃苦，不怕牺牲自己的一切。他当团政委从不骑牲口，当时干部都带手枪，而他却背马枪，带子弹袋。行军时，他不管马伕、伙伕，总是和他们肩并肩走，一边行军，一边了解同志们的思想和生活情况。一到宿营地，更是忙个不停，要把全团干部战士的住宿和膳食安排好了，他才安心去干其他事情。有一天晚上他发高烧，还支撑着病体下去查床铺，给战士们盖被子。有个战士醒来，摸到刘礼年那只滚烫的手，不觉感动得热泪盈眶。

正因为他克己爱兵，因此受到广大干部战士的欢迎和爱戴。他下去调查的情况，都要确保调查材料真实。有些干部之间不和，他一找谈话，就解决了问题，受批评的同志也心悦诚服。他发扬民主作风，遇到问题总是分头争取各级干部和全体战士的意见，从不一人说了算，即使有不同意见，也是坚持摆事实、讲道理，耐心说服。

1931 年“九一八”事变以后，日本帝国主义不断挑起战火，侵略中国领土，蹂躏中国人民。而国民党反动派却一味妥协退让，不予抵抗。目睹内忧外患，作为一个爱国青年，刘礼年在长征北上抗日途中，经常给家中写信，用笔墨向他大哥倾吐胸中愁怀。1936 年底，西安事变发生，在全国人民强大的舆论压力下，蒋介石被迫同意国共合作，一致对外。中国人民的抗日战争终于全面爆发了！得到这个消息，刘礼年欣喜欲狂，他到处奔走，给战士们讲团结抗日的伟大意义，并且编写抗日宣传提纲和抗日救亡歌曲，向广大群众进行宣传。这期间，他也多次向亲友写信，表示自己献身抗日和民族解放事业的信心和决心。

1938 年，刘礼年随部队开到山西宁武县城抗日前线。在这里，日军约有两个团的兵力与我们交战。而刘礼年所在的一二〇师三五九旅七一七团因为长途跋涉减员很大，而且武器装备不如敌人，形势很严峻。但刘礼年和所有八路军将士一样，深信自己的事业是正义的，有必胜的信心。

晋北的气候，早晨多雾，有时对面不见人。在一片雾霭迷蒙之中，刘礼年和团政治局锄奸部部长老袁走出指挥所，一道去巡视阵地。不远处响起了密集的枪声和炮声，敌人很快就要反扑了。老袁正端起望远镜向远处观察，刘礼年忙命令说：“老袁，你快下去，这里不安全！”老袁犹豫了一阵，经不住他一再催促才走下山来。刚走到半山腰，只听得山头上一阵巨响，接着是一片火光，敌人一下子几十发炮弹都落在山头指挥所中，下来的人都非常担心刘礼年安全，焦急地停下来观察动静，果然不久刘礼年就被担架队抬了下来，是头部中弹，伤势很重，抬到半途心脏就停止了跳动。刘礼年牺牲后，全团干部战士都痛哭起来。刘礼年牺牲时才 23 岁。

（摘自《萍乡英烈谱》，江西人民出版社 2010 年版）

后记

萍乡是片红色沃土。安源，是中国工人运动的摇篮、中国共产党最早党校的诞生地、秋收起义的策源地和主要爆发地；莲花，是毛泽东率领秋收起义部队引兵井冈的决策地。毛泽东曾十次来安源考察和开展革命工作；刘少奇、胡耀邦、肖劲光、江华、李立三、易礼容、陈潭秋、蒋先云、林育英、贺昌、毛泽民、黄五一、李求实、徐全直、汪泽楷、任岳等老一辈革命家曾长驻安源、莲花从事革命活动；李维汉、蔡和森、恽代英、高君宇、林育南、夏明翰、罗章龙等党的著名革命活动家曾来安源巡视指导工作；毛泽东、朱德、彭德怀、滕代远、黄公略、邓萍、肖克、李志民、郭化若等曾亲率红军来安源扩军筹饷、休整部队、抚恤烈士家属、做群众工作；陈毅、王震、曾山、项英、宋任穷、谭家述等在芦溪、莲花留下了众多革命足迹；卢德铭、朱少连、张国庶、高自立、王麓水、林瑞笙、刘沛云、谭思聪、袁德生、邓贞谦、肖保璜、刘仁堪、黄静源、刘昌炎、蔡以忱、郭炳坤、罗运磷、韩联生、余益元、钟邦武、彭树敏、汤正伦、董师固、朱亦岳、王佐（莲花）、陈竞进、周怀德、谢怀德、杨士杰、赵国城、王毅、涂正楚、胡德荣、颜清珍、胡子厚、左克诚、卢春山等一大批革命烈士为了党的革命事业英勇献身；5000多名安源路矿工人和上万名萍乡子弟先后参加红军，义无反顾跟随毛泽东上井冈山开辟革命根据地；曾在安源路矿工人俱乐部任职的干部、安源煤矿工人和萍乡子弟中，有肖劲光、杨得志、刘先胜、韩伟、丁秋生、唐延杰、谭希林、方强、晏福生、朱辉照、罗华生、罗桂华、幸元林、熊飞、吴烈、王耀南、王六生、甘祖昌、况开田、江勇为、胡登高、李夫克、徐国贤、谢锡玉、金忠藩、朱云谦、龙炳初、朱家胜、刘镇、黎新民等30位成为共和国的开国将军，江华、孔原、易礼容、许建国、刘型、蔡树藩、宋新怀、袁学之、刘亚球、余波生、王亚文、吴华梓（吴化之）、李延瑞、刘荣华、吴运铎、姜彬、肖华湘等成长为共和国的高级干部。

为贯彻习近平总书记“要把红色资源利用好、把红色传统发扬好、把红色基因传承好”的指示，响应省委书记刘奇同志关于“每位同志都要认真读一读红色家书”的号召，贯彻落实《中共江西省委组织部关于在全省干部教育培训中开展学习<红色家书>的通知》精神，充分挖掘并利用好萍乡市丰富的红色资源，江西省委党建工作领导小组办公室、江西省委党史研究室、萍乡市委党建工作领导小组联合整理编印《安源红色家书》一书，作为党员干部理想信念教育、党性教育、家风家教读本，以期广大党员干部从中学习感悟革命先辈坚定的理想信仰、不屈的革命意志和崇高的家国情怀。

近年来，萍乡市委高度重视弘扬革命精神，传承红色基因，成立萍乡红色文化资料整理编辑小组，由市委书记李小豹同志任总策划，组织精干力量整理挖掘萍乡本地丰富的红色资源。本书由黄上锋、李小建、肖建萍整理编辑，孙正风进行统稿，收录整理了革命战争年代在萍乡地区成长或工作过的领袖、将军、烈士等革命先辈共32人的家书、遗言和口信。取名《安源红色家书》，旨在凸显在早期党的革命活动中红色安源丰厚的历史文化底蕴和独特的精神内涵，并非特指现今的萍乡市安源区，而是泛指萍乡市辖区。

本书在整理编辑过程中，韩京京、曹宏、幸中原、吴时建、杨建华等革命先辈后代提供了相关文献史料，萍乡各县区委及其组织部门、萍乡市委组织部、萍乡市委党校、萍乡市史志办、安源路矿工人运动纪念馆、萍乡市安源区委党校等有关单位搜集提供了大量史料和意见建议，江西省委组织部、江西省委党建工作领导小组办公室、江西省委党史研究室对文稿内容进行了审定，在此一一深表谢意。

同时，本书的整理刊印学习借鉴了中国井冈山干部学院编辑出版的《红色家书—革命烈士书信选编》，书中的史料摘自各类刊物已发表的文稿，在此对相关刊物和作者深表谢意。

鉴于年代相距久远，深入查寻不足，还有众多在萍乡这片红土地上战斗过的革命先辈的家书没能找到，他们的感人故事还没有挖掘出来，如读者朋友有相关资料，恳请与我们联系，帮助提供相关资料。

由于编者水平有限，时间仓促，书中疏漏错讹之处在所难免，恳请读者批评指正！

编者

2018 年 8 月

附：

萍乡红色文化资料整理编辑小组

总 策 划：李小豹

策　　划：李江河　周　敏　吴运波　黄万林　梅仕灿　李　宁
陈　云　裴鸿卫　聂晓葵　欧阳清新　牛子文　冯文利
李锦林　杨劲松　肖妮娜　刘　乡　杨　博　李水清

组　　长：裴鸿卫

副 组 长：王仁华　刘文萍　林祖华　张运连　陈　田
肖晓华　龙　萍

成　　员：朱广仁　柳青平　彭六萍　张广萍　陈金勇
杨　波　张文洪　黎雪源　陈为真　何入军
黄　仂　朱雳平　石文兵　陈　丽　廖宇波
林俊江　段　练　许跃林

执行编辑：陈金勇

编　　辑：孙正风　李小建　肖建萍　陶凌莹　管清华
甘海金　黄上锋　谭　可　文中友　黄爱国
黄　领　李晓强　易志军　梁　超